結合「國際教育」的日語教科書

こんにちは
你好 ④ 教師手冊

國中小學
高中職　　適用的第二外語教材
社區大學

東吳大學日文系
陳淑娟教授　著

撰寫大意

一、本教材係依據教育部 107 年 4 月公布之《十二年國民基本教育課程綱要國民中學暨普通型高級中等學校語文領域—第二外國語文》撰寫，提供日語課程素養導向的具體教學內涵。

二、本教材適用於國中小、或高中階段從入門開始第二年的 A1-2（Level-2）學生。本教材共 8 冊，每學期授課 36 小時者適用 1 冊。本書為第 4 冊，適合已上過 108 小時的學生使用，全冊包含 8 個 Unit，教師可搭配其他學習資源，靈活運用本書。

三、本教材以 CEFR 教學觀設計，重視「學以致用」，在「語言活動」中學會使用日語的原則撰寫，融合主題與溝通功能，本冊主題為「準備出訪日本」，赴日參訪時，學習認識肢體語言、熟悉日本國高中生的生活、學校的活動、文化風土、如何外出、防備意外、如何防災等的議題，讓學生學習使用日語的同時，能深入沉浸於日本的生活環境中。而對未出訪日本的同學而言，也是「跨文化理解」的最佳教材。

四、本教材與傳統教材不同，不依文法句型架構安排內容，而是依主題安排相關活動，讓學生使用日語，在實際的運作中啟發學習興趣，搭配學生喜愛的插畫風格，讓學生準備在「跨文化體驗」中能使用日語，設計跨國學生之間的各種對話情境，教師隨機選擇，每課斟酌所需，依學生需求彈性增減，印製內頁當圖卡或其他必要講義。

五、本教材提倡形成性評量，每課讓學生寫自我評量，教師依學生課堂參與度，以及學習單、練習冊表現評量結果，呈現「學習歷程

檔案」，使學生順利銜接下一個學習階段。

六、本教材分為「聲音檔」、「課本」、「教師手冊」、「練習冊」4 個部分，學生擁有「聲音檔」與「課本」、「練習冊」3 個部分。

七、每個 Unit 由 6 至 7 頁組成，皆明示「學習目標」，與「對應二外課綱」，透過「聞_きいてみよう」、「語句_{ごく}と表現_{ひょうげん}」、「やってみよう」與「読_よんでみよう」、「練習_{れんしゅう}しよう」、「ポートフォリオにいれよう」等各種學習步驟，熟習該課語言的表達與運用，達成學習目標。

八、「學習目標」揭示該 Unit 的「Can-do」，明示學生於本課學會的使用能力，並讓學生在「ポートフォリオにいれよう」自我評量確認達成度，「對應二外課綱」則清楚表示本 Unit 與課綱的「核心素養」、「學習表現」、「學習內容」的對應項目。請參照《十二年國民基本教育課程綱要國民中學暨普通型高級中等學校語文領域—第二外國語文》。

九、「聞_きいてみよう」讓學生先聽聲音，本教材主張「先聽後學」，聽聽看本課自然的說話聲音，熟悉一下「音」，再進入主題學習，請教師讓同學看圖、聽聲音，在情境中推測到底說些什麼；「語句_{ごく}と表現_{ひょうげん}」為該課的新字詞或句型結構；「やってみよう」是任務型、調查型的學習活動，讓學生透過小組互動，使用日語發表，教師需要指導日文語境與文脈，尊重每位學生表達內容的不同。

十、練習冊裡的「練習しよう」是句型與問答的書寫練習，請教師批閱並訂正；單字或句型進行了 2～3 課之後教師可測驗聽寫，或聽力練習，加速日文書寫能力；「ポートフォリオにいれよう」則是蒐集學生的作品成果，例如 Can-do 自我評量表、每課的學習單、以日文寫的小品等皆可收錄在「學習歷程檔案」裡。

十一、「聞いてみよう」內的日語會話內容皆呈現在教師手冊裡，「やってみよう」的對話句在課本內，一部分在教師手冊，請教師視班級狀況，選擇用得到的單字與表達指導，彈性選擇問句或對話句。活動的目的是讓學生在實際運作中，自然學會，提醒教師上課前務必沙盤推演，備妥教具，確認環節相扣的步驟，依人數分組設計，以利學生透過各種互動的活動運作，學會使用日語。「読んでみよう」讓學生熟悉文本，是練習從文脈中擷取訊息重點的閱讀方式。

給老師們的話

敬愛的日語老師：

感謝您選擇使用本書！作者參與《108 十二年國教第二外國語文領域課綱》研修經驗，瞭解台灣社會缺少培養「自發」、「互動」、「共好」核心素養的日語教科書，因而啟動撰寫本系列《こんにちは 你好》1～8 冊的教材。本系列涵蓋 CEFR（歐洲共同語文參考架構）基礎級 A1～A2，亦即第二外語新課綱的 Level-1、Level-2、Level-3、Level-4 的 4 級別，而本書適合 Level-2（A1-2）（第 2 學年的下學期累積約 108 小時）以上的學生使用，大約是一般第二學年至第三學年左右的課程，內容以出訪日本前的準備為重點，包括認識肢體語言、熟悉日本國高中生的生活、學校的活動、文化風土、外出、意外發生、如何防災等的主題，讓學生學習使用日語的同時，能深入沉浸於日本的生活環境中。而對未出訪日本的同學而言，也是「跨文化理解」的最佳教材。

核心素養是 21 世紀青少年必須具備的能力與態度，本教科書根據此教育理念，設計讓學生動手調查各種日語使用情境，透過同儕互動、合作學習、口語發表，培養日語實力，學會「帶得走的日語能力」，此為本系列教材的基本信念。本書適用於國中小、高中職，也適用於大學的第二外語與社區大學等，注重「實作」的日語課程。

一般傳統的日語教學偏重「語言知識」講解，教師詳細解說課本內的字詞、句型、文法原則，之後讓同學反復練習，如此的訓練，或許能培養閱讀能力，但鮮少能培養口說溝通能力。本教材注重學生「使用語言」，教師的責任是設計溝通互動的實作活動，學生透過真

正使用日語過程，進而學會日語。教師積極為學生們尋找使用日語的環境，例如日本姊妹校來訪時入班學習、安排日本朋友當學伴、持續用 Skype 視訊交流，或邀請鄰近大學的留學生來班上作客等，開發自然使用日語的環境，讓學生有自然接觸的機會，在「真正的語言使用中」，產生樂趣與信心。另外，教師提出問題，讓同學查詢，整理答案後報告，也是培養自主學習的好方法。

2011 年教育部發布《中小學國際教育白皮書》，揭示「國家認同」、「國際素養」、「全球競合力」、「全球責任感」四大目標與次第，而培養學生「具備國際視野的本土文化認同與愛國情操」，鑑於中等教育階段台日間的國際交流互動日益頻繁，本教科書第 4 冊，以「準備出訪日本」為目標，持續為學生建構學習日語舞台。

本教材特色之一是貫徹「學習成果導向」理念，培養「自主學習」習慣。請教師備課時確認每一課、每一個活動的「學習目標」，同時也讓同學們熟知每課的目標，教室活動即為了達成該目標而展開。每學完一課，學生達標與否，以「自我評量」模式讓學生自行評量，為自己打分數，每項以 1～5 顆星（5 顆星為滿分）呈現，每個活動的學習單也可當「學習歷程檔案（ポートフォリオ）」中的學習成果，學生若未能達標，協助同學補強，培養學生「自我管理」、「自主學習」的習慣。

本書對聽、說、讀、寫 4 技能的習得順序，採「自然習得」的信念，即以聲音的「聽」為優先，「說」次之，因此「聞いてみよう」

內容雖還沒學過，但同學知道本課主題，先試著聽聽看，進入情境中推測說些什麼？同時課堂中請教師盡量使用日語引導，反覆使用學生聽得懂的「教室用語」，每課稍累加。教師引導學了「語句と表現」之後，再進行「說」的各種活動。至於單字、句型與文法的解說，視學生表達的需求指導，每課重要的句型請以板書或 PPT 解說。重要句型在《練習冊》中能充分練習，請老師批閱「練習しよう」，並給予正面回饋。偶爾進行聽寫測驗，增強書寫能力。

　　本書能撰寫完成，端賴東吳大學碩博士班專攻「日語教學」，也已投入教育現場的老師們，廖育卿、彥坂はるの、芝田沙代子、田中綾子、山本麻未、今中麻祐子、鍾婷任（敬稱略）的貢獻功不可沒。她們協助設計適合中等教育階段學生的教室活動，也親自在自己任教的日語班級實驗，確認其可行性與有效性，才有今日能呈現給各位的風貌，對她們的教學熱忱在此致上最深的謝意。也期待今後能與使用本教材的老師們相互切磋，敬請隨時不吝給予指教，我們需要使用本書的回饋意見，以利未來修正。相信您我的努力，可讓台灣日語學習達到「學以致用」的目標，為此目標我們繼續努力！

陳淑娟　敬言

2020.2.12.

如何使用本書

　　國際教育已成為主流，本冊內容設計出訪日本時，必體驗的種種學生生活，為中等教育階段「準備出訪日本」的日語課程，囊括在參訪姊妹校前必須了解的日語表達。若無參訪日本的規劃，亦可透過本教材的學習，理解訪日的生活。《こんにちは 你好 ④》包含「課本」（附 QR Code，可掃描下載 MP3 音檔）、「練習冊」、「教師手冊」共 3 冊成一套，請學生使用「課本」跟「練習冊」。此套書每一課的結構是「聞いてみよう」、「読んでみよう」、「語句と表現」、「やってみよう」、「練習しよう」、「ポートフォリオにいれよう」6 大部分組成，以下說明本書教學活動的順序。

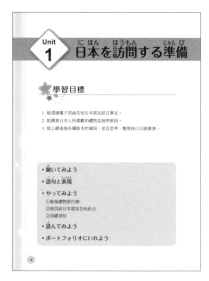

Step 1

準備：

　　請教師熟讀該課的主題、學習目標，思考學生需求，確定教室活動流程，準備教具，掃瞄 QR Code 下載 MP3 音檔，或提供另外需要印製的教具。

Step 2

暖身活動：

　　教師說明本課主題，詢問學生相關經驗，討論什麼情境用得上。與學生共同確認「學習目標」，提醒學生學完這一課時將填「自我評量」，並確認要達成的目標項目有哪些。

Step 3

聽聽看：

　　讓學生看圖討論課本情境圖的內容，播放 MP3 音檔「聞いてみよう」讓學生聆聽，推測說話內容。「聞いてみよう」並非課本的會話文，目的是訓練學生從情境插圖及語音中推測聽取意義。這是「理解語言」（聽懂即可），非「使用語言」（說得出口），讓學生習慣沉浸在日語情境中，熟悉聲音，教師經常使用學生聽得懂的「教室用語」指示，能大大促進學習的效果。學習興趣高的班級可模仿內容，或改寫內容進行日語短劇演出。

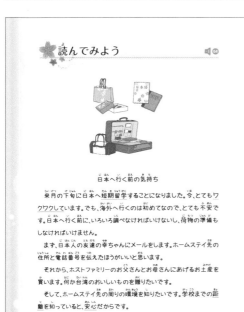

Step 4

讀讀看：

　　「読んでみよう」讓學生熟悉文本，教師引導學生快速閱讀全文，並找出文本提到的議題或事物是什麼。老師依文章用日語先設計問題，例如「誰が」、「何を」、「どういうように」、「いつ」、「どこで」、「どうして」，讓學生找答案，劃下線閱讀。之後讓兩人學生一組，對答案或討論答案。

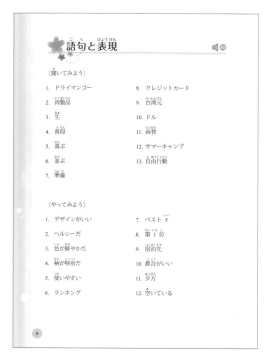

Step 5

唸唸看：

　　教師說明本課的「語句と表現」，聽單詞與句子，教師請利用圖卡、板書或 PPT 反覆讓學生熟悉新句型整體的音韻，拆解句子解釋結構，利用文章的文脈解說句子與句子、段落與段落的結合關係，以板書或 PPT 讓學生瞭解句子結構，善用「直接教學法」以日語疑問句詢問，讓學生代換練習等，學生應熟悉本課必要句子的文法。由教師帶動全班朗讀，再播放 MP3 音檔的「語句と表現」，請同學跟讀數次，或兩人一組互相進行「你唸我聽」練習。另外，指導學生學會使用電子字典，隨時查閱不懂的日語單字，或想表達的日語怎麼說？這是本冊應學會的學習策略。

Step 6

做做看：

　　利用課本中的「やってみよう」，確認活動任務是完成什麼，帶動全班使用日語。這部分是本教材的特色，在實際使用中學會日文。例如查詢並發表「最強禮物排行榜」或分享「送禮須知」活動，教師引導同學們查詢、發表並交換意見，在一定的活動時間內，鼓勵學生與多人互動，全班在反覆互動中，達成「能自然使用日語」的目的。

②台日運動會比一比

台湾：田径賽（陸上競技）・100公尺（百メートル走）・接力賽（リレー）・
拔河（綱引き）・跳高（高飛び）・跳遠（はば跳び）・鉛球（砲丸投げ）

日本：「綱引き」・「リレー」・「玉入れ」・「障害物競走」・「マスゲーム」・「応援団」・「二人三脚」・「棒倒し」・「騎馬戦」

例如「台日運動會比一比」等活動，讓同學分組查詢運動項目的日語說法，並比較台日運動會的異同，表達自己感想。讓同學動手瀏覽看看日本各校網頁，不僅獲得新知，而藉由綜合全班的資訊，自行歸納出異同，也能培養學生的國際觀。

Unit
1
日本を訪問する準備
にほん ほうもん じゅんび

練習しよう
れんしゅう

一、請看例子，寫寫看。（漢字上方請注平假名）

1.

例
ハンカチを贈ります。（いけません）
→ ハンカチを贈ってはいけません。

① タオルを贈ります。（いけません）

　→ _____

② 傘を贈ります。（いけません）

　→ _____

③ 時計を贈ります。（いけません）

　→ _____

④ 失礼になります。（いけません）

　→ _____

Step 7

寫寫看：

　　本冊的《練習冊》是「練習しよう」，不只練習單字與表達法的書寫而已，藉由「看對話的例子寫寫看」進行本課的新句型練習，以「用日文回答看看」將課堂內已學會口說的部分用日文寫出，並標注假名，慢慢培養日文書寫能力。附有解答，請教師批閱作業，給予正面回饋。

Step 8

使用聲音檔：

　　本冊的「聞いてみよう」、「語句と表現」、「やってみよう」、「読んでみよう」聲音檔，較前三冊結構複雜且文脈更長，教師引導學生能在家複習，多聽多讀，並以跟讀方式重複演練，期許在反覆讀誦中學生自然熟悉日語語音的韻律感與節奏感。藉此可增強聽辨能力，日語的口語表達能力將日趨精熟、流暢。

Step 9

學習歷程檔案：

　　「ポートフォリオにいれよう」即為學習歷程檔案，因應12年國教新課綱的實施，採學生參與各活動的「學習單」、「自我評量」為學習成果，可上傳到教育部國教署「個人學習歷程檔案」，讓學生升學時提出，順利銜接下階段的日語學習。學習歷程檔案最大的意義是讓學生學會「自我管理」，知道離「學習目標」還有多遠。同時自我補強，練習到自己滿意為止，再填滿5顆星。本書設計的「學習歷程檔案」為簡易紙本版，教師宜善用雲端資訊系統，製定各項作業上傳規定，蒐集學生的日語學習成果。

目次

撰寫大意 2

給老師們的話 5

如何使用本書 8

Unit 1　日本を訪問する準備 14

Unit 2　ノンバーバル 24

Unit 3　日本人中高生の家庭生活 32

Unit 4　学校行事 40

Unit 5　文化と風土 52

Unit 6　外出 61

Unit 7　アクシデント 70

Unit 8　自然災害 81

課本 MP3 錄製的內容 89

日本を訪問する準備

「學習目標」

1. 能透過電子信函告知日本朋友訪日事宜。
2. 能調查日本人所喜歡的禮物並說明原因。
3. 能上網查詢各種版本的資訊，並且思考、整理後以日語發表。

「對應二外課綱」

核心素養：

外 -J-A1 具備認真專注的特質及良好的學習習慣，嘗試運用基本的學習策略，精進個人第二外國語文能力。

外 -J-B1 具備入門的聽、說、讀、寫第二外國語文能力。在引導下，能運用所學字母、詞彙及句型進行簡易日常溝通。

外 -J-C2 積極參與課內及課外第二外國語文團體學習活動，培養團隊合作精神。

學習表現：

1- IV -9 能聽懂課堂中習得的對話。

1- IV -10 能聽懂教師的指示。

2- IV -7 能說出課堂中習得的日常語句。

3- IV -8 能唸出課堂中習得的日常語句。

3- IV -11 能閱讀日常生活中簡單的短文。

4- IV -4 能寫出課堂中習得的詞彙及語句。

4- Ⅳ -5 能填寫表格及書寫簡單的短訊或賀卡等。

5- Ⅳ -4 能聽讀該階段的基本用語並使用於簡易的日常溝通。

5- Ⅳ -5 能聽懂日常生活應對中常用語句，並做適當的簡短回應。

5- Ⅳ -6 能看懂日常生活中簡易留言、賀卡、邀請卡並以口語或書面
簡短回應。

6- Ⅳ -5 樂於回答教師或同學提問的問題。

6- Ⅳ -7 能利用各種查詢工具，推測詞彙文脈意義，自主了解外語資
訊。

8- Ⅳ -2 能對目標語國家之圖畫、標示、符號等作簡易的猜測或推
論。

學習內容：

Ac- Ⅳ -4 至少 600 個字詞，應用於日常溝通。

Ac- Ⅳ -5 應用詞彙。

Ac- Ⅳ -6 認識詞彙。

Ad- Ⅳ -2 簡易常用句型的文法介紹，及日常對話的應用。

Ae- Ⅳ -3 應用結構。

Ae- Ⅳ -4 認識結構。

Af- Ⅳ -4 條列式陳述。

Bc- Ⅳ -9 學校作息。

（本冊的「對應二外課綱」在 Unit 2 之後的各課僅載示新出現條
文，不重複提示。）

「聞いてみよう」

1. 詢問禮物資訊

A：台湾人　B：日本人教師

Ａ：今度日本へ行くときに、台湾のお土産を持って行きたいんです。日本人はどんな台湾のお土産が好きですか？

Ｂ：うーん。パイナップルケーキやドライマンゴーは人気があるよ。

Ａ：へー、そうなんですね。「肉乾」やバナナはどうですか？

Ｂ：残念だけど、肉製品や生の果物を日本へ持って行くことはできないんだよ。

Ａ：そうですか。分かりました。

Ｂ：鍾さんが好きなお菓子をあげるのはどう？

Ａ：私の好きなお菓子ですか？

Ｂ：ええ、台湾の人が普段、どんなものを食べているか紹介すると、友達も喜ぶと思うよ。

Ａ：はい、分かりました。ありがとうございます。

2. 學做珍珠奶茶

（ＳＮＳで日本の友達と話している）

Ａ：日本人　Ｂ：台湾人

Ａ：見て、２時間も並んだんだ。日本ではタピオカドリンクが大人気なんだよ。

Ｂ：えー？２時間も？

Ａ：おいしかったよ。

Ｂ：３月に留学で日本へ行くから、今度作ってあげるよ。

Ａ：タピオカって作れるの？作ったことある？

Ｂ：ないけど、鍋に入れるだけでしょ？

Ａ：そうなの？

Ｂ：じゃあ、練習してみるよ。

Ａ：楽しみにしてるね。

3. 赴日準備

Ａ：日本人教師　Ｂ：台湾人

Ａ：鍾さん、日本へ行く準備はできた？

Ｂ：はい。だいたいできました。この前はお土産のアドバイス、ありがとうございました。

Ａ：いえいえ。

Ｂ：後はお金の両替だけです。日本円がどれくらい必要か母が聞いていました。

Ａ：うーん、難しいね。どのくらい買い物をするかで決めたらどうかな。念のため、クレジットカードを持って行くと便利だよ。それに、台湾元やアメリカドルがあれば、日本でも両替ができるよ。

Ｂ：そうですか、分かりました。ありがとうございます。

4. 赴日前聯絡友人

（LINE で日本の友達に連絡する）

Ａ：台湾人　Ｂ：日本人

Ａ：はなちゃん、元気ー？実は今度、サマーキャンプで福岡へ行くんだ。

B：えー！本当！？いつー？

A：8月1日から10日まで。

B：そうなんだ！福岡なら電車ですぐだから会えるよ。

A：じゃあさ、9日は自由行動だから、その日に会えないかな？

B：うん、いいよ。廖さんの行きたいところに行こう。

A：じゃあ、ちょっと調べてから、また連絡するね。

「語句と表現」

〔聞いてみよう〕

ドライマンゴー・肉製品・生・普段・喜ぶ・並ぶ・準備・クレジットカード・台湾元・ドル・両替・サマーキャンプ・自由行動

〔やってみよう〕

デザインがいい・ヘルシーだ・色が鮮やかだ・柄が特別だ・使いやすい・ランキング・ベスト5・第1位・宿泊先・都合がいい・夕方・空いている・ハンカチ・タオル・贈る・お葬式・涙を拭く・時計・縁起が悪い・傘・別れる・スカーフ・結婚・お祝い・ライター・火事・連想する

「やってみよう」

活動一：「最強禮物排行榜」

學習目標：

1. 能透過網路查詢各種版本的資訊，並且思考、整理後以日語發表。
2. 能自己思考判斷，並選擇禮物。

步驟：

1. 告訴同學我們將要訪日，在出國前需要準備買禮物，在日本也可能要買禮物回國，因此需要了解並參考最熱門的禮物排行榜。
2. 全班可分成兩組，分別為「日本人訪台愛買調查組」（了解日本人喜歡什麼）與「台灣人訪日愛買調查組」（了解台灣人赴日買什麼）。教師指導同學用日文來表達物品受歡迎的理由。
3. 暖身運動時，教師可先調查好外國觀光客來台最愛的伴手禮。依國別不同，讓學生討論及分享為什麼不同，並詢問這些資訊的可信度有多少，例如調查對象（年齡層）不同，結果就不同，年度也有差別。或是某些網頁是個人部落格、某些網頁是商家製作等，其背景因素不一，我們都要注意一下。
4. 兩組學生開始查詢最愛買的伴手禮 5 樣，不同的網站所介紹的資訊也會不一樣，個人填寫在學習單內，組內再討論彙整成排行榜前 5 名，思考受歡迎的原因，接著放入相片製作成 PPT，並進行日語口語簡報分享查詢結果。（教師視情況限制簡報時間，例如 3 分內）

例：人気のある理由

デザインがいいから、新しい商品、ヘルシー、色が鮮やか、柄

が特別<ruby>特別<rt>とくべつ</rt></ruby>、<ruby>新鮮<rt>しんせん</rt></ruby>、<ruby>有名<rt>ゆうめい</rt></ruby>

<ruby>台湾<rt>たいわん</rt></ruby>のよりおいしい、安い、使いやすい、<ruby>台湾<rt>たいわん</rt></ruby>にない、かっこいい、かわいい

5. 兩組發表完所查詢的「最熱門禮物排行榜」之後，各組派三位同學代表發表「我的選擇」前三名，並簡單說一個理由。可完成群組的合作成果，也可以表達個人的看法。

活動二：「寫信給日本朋友告知赴日」

學習目標：

1. 能用簡單的日文撰寫電子信件給日本朋友。
2. 收到日本的朋友回信後也能簡單回應。

步驟：

1. 讓同學想想，用什麼方法來告知日本朋友、或寄宿家庭的爸爸媽媽，將有機會訪日、訪日時間、住宿地點等相關事宜，並詢問對方是否有時間見面等。較常用簡訊的同學可用簡訊（比較簡單），但本活動的目的是要教導同學撰寫電子郵件。

2. 提示同學用中文撰寫電子信件時，必須填寫的項目是什麼，以及收件人住址、信件標題等，日文亦同。

3. 順序大約如下：

標題：（例）＿＿＿△△＿＿＿です。日本へ行きます。

開頭：○○ちゃん

　　　こんにちは。＿＿＿△△＿＿＿です。お<ruby>元気<rt>げんき</rt></ruby>ですか。

赴日日期：××月××日から××月××日まで日本へ行きます。

赴日方式：<ruby>学校<rt>がっこう</rt></ruby>の<ruby>旅行<rt>りょこう</rt></ruby>で<ruby>行<rt>い</rt></ruby>きます。／<ruby>家族<rt>かぞく</rt></ruby>と<ruby>行<rt>い</rt></ruby>きます。

住宿處：<ruby>宿泊先<rt>しゅくはくさき</rt></ruby>は□□です。／□□ホテルに<ruby>泊<rt>と</rt></ruby>まります。

重點：○○ちゃんにぜひ会いたいです。都合の良い日はありますか？

結束：よろしくお願いします。

　　　お返事、楽しみにしています。

具名：△△

4. 教師說明撰寫電子信件不可缺少的要項，例如標題、對方名字、自己名字等。

示例格式以及回信範例，呈現於課本。

5. 全班取得電子信箱，以兩人一組方式分組，其中一人扮演日本人（自取日本姓名），並可利用本活動的學習單撰寫草稿，完成日文電子信件後則寄給對方（請同學實際寄送 e-mail）。依照示例練習，可按照對方所提供的電子信箱寄過去。

6. 如果是實際寄給日本朋友的信，可請同學兩人相互檢查，或可由教師檢查。

活動三：「送禮須知」

學習目標：

1. 能查詢並比較台、日文化間送禮以及送禮禁忌的差異。
2. 能用簡單的日語發表自己所知道的禁忌資訊以及由來背景。

步驟：

1. 教師詢問同學家庭生活中有無特別的禁忌，例如吃飯時、過年時或是特殊節慶時。並且說明每個家庭、地區、文化也都有某些傳統的禁忌，但是也因地區、時代變遷、或生活習慣的改變而有所不同，當我們進入陌生的地方，若能事先瞭解對方文化上的禁忌，或詢問有無特別禁忌，即表示尊重對方，也是培養良好人際關係的基礎。

2. 本活動將調查台灣與日本文化上的的禁忌，將同學分成台灣組與日本組，每組又依照項目分為 3 小組，例如生日禮物、結婚禮物、探病的禮物等。不拘上述三種狀況，教師可以任意調整。台灣人也不知道什麼禮物不能送啊！

3. 教師指導表示禁忌常用的表達法。順序可先說「台湾_{たいわん}では、どうですか。」提示照片，顯示如「ハンカチ、タオル」等，詢問同學「ハンカチはいいですか。」，讓同學回應「いけません。」、「だめ。」、「よくない。」等。或是「いいです。」、「いいと思_{おも}います。」、「分_わかりません。」，接著指導動詞的表達法。

例：

「ハンカチやタオルを贈_{おく}る。いけません。」→ 贈_{おく}ってはいけません。

「時計_{とけい}を贈_{おく}る。いけません。」→ 贈_{おく}ってはいけません。

「傘_{かさ}を贈_{おく}る。いけません。」→ 贈_{おく}ってはいけません。

4. 接著指導「どうしてでしょうか。」，可讓同學各自先以中文說說看，教師再指導日文說法。

例：

「お葬式_{そうしき}や別_{わか}れの時_{とき}、涙_{なみだ}を拭_ふくものだからです。」、「縁起_{えんぎ}が悪_{わる}いからです。中国語_{ちゅうごくご}では「送鐘」は「送終」と同_{おな}じ発音_{はつおん}で、死者_{ししゃ}を見送_{みおく}るという意味_{いみ}です。」等。

最後的句子「スカーフを贈_{おく}ってはいけません。どうしてでしょうか。」

→ _____。

（一説_{いっせつ}：自殺_{じさつ}を連想_{れんそう}させるからです。）

讓同學自行思考回答。

5. 各組分配查詢台灣與日本的「お誕生日」、「結婚祝い」、「お見舞い」送禮的禮物，完成查詢後，以日文填寫本活動的學習單，包括禁忌的禮物，以及傳說中的理由，暫時先不讓別組同學知道答案。

6. 抽籤決定各組上台發表的順序，各組派代表發表分享禁忌禮物項目，並讓他組同學猜答案，以猜到最多答案的組別勝出。

例：

日本ではライターを贈ってはいけません。どうしてでしょうか。

→ 火事を連想させるからです。

「ポートフォリオにいれよう」

自我評量

1. 我能透過電子信函告知日本朋友訪日事宜。
2. 我能調查日本人所喜歡的禮物並說明原因。
3. 我能上網查詢各種版本的資訊，並且思考、整理後以日語發表。

Unit 2　ノンバーバル

「學習目標」

1. 能認識日本人適當的肢體語言，並學會表達。
2. 能調查並整理比較鄰近國家的肢體語言異同。
3. 能善用容易溝通的肢體語言。

「對應二外課綱」

學習表現：

7- Ⅳ -3 能理解認識目標語國家的社會禮儀規範。

6- Ⅳ -8 能主動尋找機會，積極利用資源提升外語能力，了解不同國
　　　　家的文化。

8- Ⅳ -3 能善用語言或非語言之溝通技巧，強化溝通成效。

學習內容：

Af- Ⅳ -3 語言與非語言成分。

Bk- Ⅳ -2 社會禮儀規範。

「聞いてみよう」

1.　盛裝的顏色

　　A：台湾人高校生　B：日本人大学生

　　（2人は一緒にファッション雑誌を見ている）

A：この黒い服、きれいだね。

B：本当、すてきなワンピース。結婚式に招待されたら、こんなの着ていきたいなあ。

A：結婚式？結婚式で黒い服を着るの？

B：え、台湾ではだめなの？

A：台湾ではたぶん、明るい色のほうがいいと思うけど……。赤とか、ピンクとか。

B：そういう色を選ぶ人もいるけど、日本では結婚式に黒っぽい服を着ていく人もいるよ。

A：へー、知らなかったなあ。

B：でも、高校生なら、正式な場も制服でいいんだよ。

A：へー、そうなんだ。

2. 日語溝通訣竅

A：日本人　B：台湾人

A：昨日さ、ちょっとおもしろいことがあったんだ。

B：なになに？

A：台湾の友達とご飯を食べたんだけど……。

B：どこで食べたの？

A：駅の近くの夜市。そのとき友達が「僕の臭豆腐、半分食べてみる？」って聞いてきたんだ。それで、「それは、ちょっと……」って言ったら、僕に小さい臭豆腐をくれたんだ。

B：あれ、でもたかし君って、臭豆腐、嫌いだったよね！？食べたの？

Ａ：そう、嫌いだから「ちょっと……」って言ったのに、友達は「ちょっとだけ食べたい」って誤解したみたい。

Ｂ：そっか、「それは、ちょっと……」は、「要らない」の意味なんだね。

3. 筷子禮儀

Ａ：台湾人　Ｂ：日本人

Ａ：あっ、取れない！下のお肉とって？

Ｂ：えっ！ダメだよ！

Ａ：どうして？

Ｂ：2人で一つのものを掴むのは縁起が悪いんだよ。台湾では気にしないの？

Ａ：台湾では特に問題ないけど……。

Ｂ：そうなんだ。

4. 招手示意

Ａ：日本人　Ｂ：台湾人

（Ａが走ってきた）

Ａ：すみませーん！お待たせしました！

Ｂ：あー、来た来た。道に迷ってたんですか？

Ａ：いいえ、あの、バスになかなか乗れなくて……。

Ｂ：バスが来なかったんですか？

Ａ：バスは来たんですが、バス停で停まってくれなくて……。大声で「おーい！」って言ったら、やっと停まってくれました。

B：ああ、台湾ではね、手を挙げて、運転手とアイコンタクトしなければ、バスは停まってくれないんですよ。

A：えー、そうだったんですか。初めて聞きました。

★貼心小叮嚀：

　　日語的「嫌い箸」指的是，因筷子的錯誤用法，被視為不禮貌且禁止使用。例如，「聞いてみよう」第3題的「箸渡し」（用筷子互夾取食物），因為是有如喪事撿骨時的動作，會被視為不吉利的使用方式。「渡し箸」則是（將筷子放在餐具上，指的是「我已經吃飽」的意思）沒有將筷子放在筷架上，容易被誤會為已經吃飽，不需要再用餐。為避免誤會，可利用筷子的包裝袋做成臨時性的筷架來放置。除此之外，也有其他「嫌い箸」，不妨讓學生們試著查查看。

「語句と表現」

〔聞いてみよう〕

ワンピース・結婚式に招待される・黒い・黒っぽい・赤・ピンク・明るい色・選ぶ・正式な場・制服・ちょっと・誤解する・お箸・掴む・気にしない・お待たせしました・道に迷う・手を挙げる・なかなか・停まる・大声・やっと・アイコンタクト

〔やってみよう〕

ジェスチャー・通してください

「やってみよう」

活動一：「肢體數字比賽」

學習目標：

1. 能了解並使用數字的肢體語言表達。
2. 能與同伴共同積極參與肢體語言表達法的學習。

步驟：

1. 一般「バーバル」（verbal）指人際溝通時使用的「語言要素」，而「ノンバーバルコミュニケーション」（non-verbal communication）是指「非語言要素」的部分。美國心理學家 Albert Mehrabian（亞伯・米羅賓）於 1971 年發表了人際溝通時，說話者予人印象的「非語言成分」占九成，「語言成分」占一成的心理實驗研究結果。「非語言成分」，顧名思義就是語言以外的要素，包含了聲音的大小、態度動作和悅與否、表情豐富程度、善用手勢與否、視線是否適度的注視對方、服裝合宜與否等

等。因此學習外語的人，如果能善用這些「非語言成分」，協助表達，將如虎添翼，可達事半功倍的效果。

2. 某些肢體語言在不同國家是代表不同的意思，學日文的人當然也要學一些日本人慣用的肢體語言，本活動是讓同學學會數字的肢體語言與表達。

3. 將同學適度分組，例如分成 A、B、C、D、E 5 組，各組同學先確認一般在台灣通用的數字表達法，1 到 10 怎麼比的手勢。

4. 接著，各組各自展開查詢，「日本<ruby>日本<rt>にほん</rt></ruby>では 1 から 10 までのジェスチャーをどう<ruby>表<rt>あらわ</rt></ruby>しますか」。調查方法可以透過方便的視訊，詢問姊妹校的學伴，也可以上網頁查詢，或直接詢問自己的日本朋友。同時，各組內確認妥台日的數字怎麼比。

5. 進行肢體數字比賽，遊戲規則如下：

肢體數字比賽：

(1) 賽程如下表，各組派一人出賽。

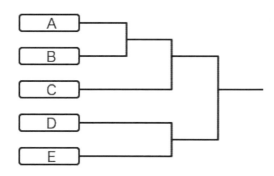

(2) A、B 對抗時，C 當出題者與裁判者。

(3) C 發號施令說一個數字，例如「<ruby>日本<rt>にほん</rt></ruby>の 7 <ruby>なな<rt></rt></ruby>！」或「<ruby>台湾<rt>たいわん</rt></ruby>の 6 <ruby>ろく<rt></rt></ruby>！」！A 和 B 立即回應，比出數字。

(4) 5 次為一回合，看 A 或 B 哪個速度快，C 當裁判，以快、準的組別獲勝並可晉級。

(5) 發號施令者先說個位數，再進到二位數。

(6) 晉級到最後者勝出。

活動二：「台日手勢大不同」

學習目標：

1. 能搜尋網頁，了解台日手勢語言的差異。
2. 能學會並表演出各種肢體語言。

步驟：

1. 世界各國之間有不少手勢是共通的，例如豎起大拇指表示稱讚，或搭便車的手勢等。但是也常見同一個手勢在不同國家卻表示不同意思的狀況，例如在台灣比數字「6」的手勢，日本人會以為是打電話；講到「錢」時，台灣人以大拇指與食指摩擦表示「數鈔票」的手勢，可是日本人習慣用拇指、食指結合，如比 OK 的手勢，但是掌心朝上。所以學日文時有必要瞭解台日手勢到底有什麼不同。

2. 日本是肢體語言非常豐富、也講究禮貌的國家，因此當面對老師、長輩時，若有恰當的肢體語言，則容易令人留下良好的印象。例如見到熟人時微笑、聽別人說話時要專注和點頭、打招呼時要鞠躬。另外，說「はい」、「どうぞ」時，若會點頭或加手勢，那麼更能促進良好的溝通。其他還有當要吃飯時說「いただきます」，或吃飽了說「ごちそうさまでした」時，配合雙手合十的手勢，都能予人正面的印象。那麼予人負面印象的態度或肢體語言有哪些呢？例如對長輩「揮手」是比較輕浮不禮貌的行為；應答時，「はい」說一次就好，不連說「はいはい」兩次；聽不懂對方的話反問時，若說「はあ」（台語發音）則會予人不悅的感覺；雙手或單手托住臉的下顎（ひじをつく），有無聊的感覺；雙手交叉抱胸前是「生氣」的感覺。教師亦可上網頁搜尋看看還有什麼台灣人不熟悉的肢體語言。

3. 本活動是要學習日本的肢體語言，教師可先詢問同學「我」應如何表達。例如：台、日之間的差異來看，台灣習慣以大拇指指向自己，日本則是習慣以食指指向自己；「你」又應如何表達呢？台灣習慣是以食指比對方，日本則習慣手掌攤開指向對方。另外，日本特殊的慣用手勢「借過一下」，則是用右手5指併攏且上下搖動，同時並彎腰前進。此一動作常用在車上要通過人群或下車的時候，表示「すみません、通してください。」。而表示否定「いえいえ」，像是「不行」、「沒那麼厲害」、「哪裡」等時，則常見在臉龐前揮舞著手掌。另外，表示「我終於懂了」如「ピンとくる」、「分かった」時，則是使用右拳頭擊左手掌掌心的手勢來表達。

4. 接著，教師出題讓學生比手勢，例如老師喊「わたし」、「あなた」、「いえいえ」、「いただきます」、「すみません、通してください」、「分かった」，台下快速做動作。

5. 請老師評一評，全班表現最好的是哪位同學，予以表揚。學生多的班級可以分組進行，老師喊日語口令，全班做手勢之後，各組選出一位代表，代表該組再比一次。

「ポートフォリオにいれよう」

自我評量：

1. 我能認識日本人適當的肢體語言，並學會表達。

2. 我能調查並整理比較鄰近國家的肢體語言異同。

3. 我能善用容易溝通的肢體語言。

日本人中高生の家庭生活

「學習目標」

1. 能適切表達與接待家庭見面時的應對禮節。
2. 於餐桌上能聽懂接待家庭人員的詢問並適切對應。
3. 對於聽不清楚的部分能進一步詢問或再確認。
4. 能詢問如何去某地點。

「對應二外課綱」

學習表現：

1-Ⅳ-8 能辨識不同語調所表達的情緒和態度。

7-Ⅳ-6 能了解不同國家的風土民情並尊重多元文化。

學習內容：

Bd-Ⅳ-6 生活習慣。

「聞いてみよう」

1. 到了接待家庭

（ホストファミリーの家の玄関でまだ会ったことのない家族が
出迎える）

A：日本人（母）　　B：台湾人

（ドアの開く音）

A：ようこそ！恵美の母です。

B：初めまして。台湾から来た林欣華です。よろしくお願いします。

A：疲れたでしょう？どうぞ遠慮しないで、家に上がって。

B：ありがとうございます。お邪魔します。

2. 吃飯了

（食事の準備中にお手伝いを申し出る）

A：台湾人　B：日本人（母）

A：何かお手伝いします。

B：そう？ありがとう。じゃあ、そのお皿をテーブルに並べてくれる？

A：はい。この白いお皿ですか？

B：そうそう。ありがとう。

A：わー、おいしそう。

B：じゃ、いただきましょう。

（家族のみんな）：いただきます。

B：生のものは大丈夫？

A：すみません。ちょっと苦手です。

B：じゃ、ほかのものをたくさん食べてね。

A：はい、ありがとうございます。

3. 使用浴室

（ホームステイの初日　お風呂場で）

A：日本人（母）　B：台湾人

A：ここで服を脱いで、洗濯物はかごに入れてね。タオルはここです。

B：湯舟に浸かってもいいですか。

A：もちろん。

B：すみません。ドライヤーを使いたいんですが……。

A：あ、ドライヤーはここの引き出しにあるよ。ここにあるものも自由に使ってね。

B：はい。ありがとうございます。

A：どうぞごゆっくり。

4. 市民中心怎麼去

A：台湾人　B：日本人（父）

A：明日、市民センターに行きたいんですが、どう行けばいいですか。

B：あー、市民センターか。まず、家の近くのバス停から20番のバスに乗って、「中山8丁目」っていうバス停で降りると、すぐだよ。

A：ありがとうございます。20番ですね。えーと、降りるのは何というバス停でしたか？

B：「中山8丁目」だよ。紙に書こうか。

A：お願いします。

B：もし道に迷ったら、連絡してね。

「語句と表現」

〔聞いてみよう〕

遠慮しないで・お邪魔します・お皿をテーブルに並べる・服を脱ぐ・洗濯物・かごに入れる・湯舟に浸かる・ドライヤー・引き出し・自由に使う・ごゆっくり・市民センター・バスに乗る・バス停で降りる・紙に書こう

〔やってみよう〕

肉じゃが・サラダ・卵焼き・カレー・焼き魚・麦茶・辛いもの・アレルギー・まっすぐ行く・1つ目・角・右に曲がる・銀行・信号・本屋・パン屋・花屋・地下鉄・電車・もう一度お願いします・ショッピングセンター

「やってみよう」

活動一：「餐桌上的對話」

學習目標：

1. 能用簡單的日語表達自己的飲食喜好和習慣。

2. 當被問及對日本食物的喜好時，可以適當回應。

步驟：

1. 教師舉一般日本家庭常見的食物、飲品為例，例如：「さし

み」、「味噌汁」、「肉じゃが」、「サラダ」、「卵焼き」、「カレー」、「焼き魚」、「チャーハン」、「辛いもの」等或「麦茶」、「冷たい水」、「コーヒー」、「紅茶」等，問同學平常吃不吃。

可用圖片，教師問「どうですか」，同學們依自己的狀況回應，像是「好きです」、「大好きです」、「おいしい」、「食べません」、「食べられません」、「ちょっと苦手」、「大丈夫です」等。

2. 老師扮演寄宿家庭爸媽的角色，再秀出圖片問同學：「台湾ではさしみを食べますか。」，讓學生回答：「はい、食べます。」或「いいえ、食べません。」，接著問飲料：「台湾では麦茶を飲みますか。」，讓學生回答：「はい、飲みます。」或「いいえ、飲みません。」，接著針對飲食習慣再換一個問法：「さしみはどうですか。」，讓學生依自己的習慣回答。

3. 學生對自己的回應，進一步說明理由，例如：「家でもよく食べます」、「台湾にもあります」、「食べたことがありません」、「ちょっと苦いから苦手です」、「アレルギーなので食べられません」、「家では食べません」、「食べる習慣がありません」等。

例 1：

A：辛いものはどうですか。

B：大丈夫です。家でもよく食べます。

例 2：

A：サラダはどうですか。

B：食べる習慣がないから、ちょっと苦手です。

例 3：

A：<u>さしみ</u>はどうですか。

B：<ruby>食<rt>た</rt></ruby>べたことがありませんが、<ruby>少<rt>すこ</rt></ruby>し<ruby>食<rt>た</rt></ruby>べてみます。

4. 同學們依照範例，透過學習單相互提問飲食習慣。每個人扮演訪談者，並找三位同學提問：「～はどうですか」，接受訪談的同學依照自己的習慣回應，並說出一個理由。訪談結果請每位同學填寫在課本的學習單上。

活動二：「問路」

學習目標：

1. 能用簡單的日語詢問想去的目的地怎麼走。
2. 能瞭解對方說明的路線，並能用簡單的日語回應相關的內容。

步驟：

1. 依交流校來訪或出國參訪的需求，教師可準備姊妹校附近的地圖，或自己學校的地圖，或某城鎮附近相關的地圖。
2. 學習詢問路線時常用的日語句型。

例 1：

A：すみません、<ruby>市民<rt>しみん</rt></ruby>センターへ<ruby>行<rt>い</rt></ruby>きたいんですが……。

B：<ruby>市民<rt>しみん</rt></ruby>センターですか。

3. 學習瞭解對方說明的日文。

・まっすぐ<ruby>行<rt>い</rt></ruby>って<ruby>下<rt>くだ</rt></ruby>さい。

・<ruby>初<rt>はじ</rt></ruby>めの<ruby>角<rt>かど</rt></ruby>を<ruby>右<rt>みぎ</rt></ruby>に<ruby>曲<rt>ま</rt></ruby>がってください。（<ruby>1<rt>ひと</rt></ruby>つ<ruby>目<rt>め</rt></ruby>の、<ruby>2<rt>ふた</rt></ruby>つ<ruby>目<rt>め</rt></ruby>の／<ruby>左<rt>ひだり</rt></ruby>）

・<ruby>バス停<rt>てい</rt></ruby>があります。（<ruby>公園<rt>こうえん</rt></ruby>、<ruby>駅<rt>えき</rt></ruby>、<ruby>学校<rt>がっこう</rt></ruby>、<ruby>銀行<rt>ぎんこう</rt></ruby>、<ruby>信号<rt>しんごう</rt></ruby>、コンビニ、<ruby>本屋<rt>ほんや</rt></ruby>、<ruby>パン屋<rt>や</rt></ruby>、<ruby>花屋<rt>はなや</rt></ruby>）

・歩いて 3 分です。

・バスに乗ってください。（地下鉄、電車、ＭＲＴ）

・新宿駅で降ります。

・「中山 8 丁目」で降りるとすぐです。

4. 當聽不懂對方所說的日文時，請再重複一次對方的話，確認這句話是什麼意思。

例：「市民センター？」、「中山 8 丁目？」、「ＭＲＴ？」

或是「市民センターって？」

或「もう一度お願いします。」（請再說一遍。）、「ゆっくりお願いします。」（請講慢一點。）、「書いてもらえますか。」（能寫下來嗎？）

例2：

A：すみません、ショッピングセンターへ行きたいんですが……。

B：えーと、そこの角を右に曲がって、2 つ目の信号のところに公園があります。

A：あのう、右に曲がって……すみません、もう一度お願いします。

B：右に曲がって、2 つ目の信号のところに、公園があります。

A：はい。

B：その公園の前です。

A：はい、分かりました。ありがとうございます。

5. 兩人一組看著課本上的地圖，進行對話，Ａ さん問路、Ｂ さん回
答，再交換角色問路。問的人任意找一個目的地詢問，例如下面
的目的地。

(1) スーパー

(2) 一番近くのコンビニ

(3) 病院

(4) 本屋

(5) 薬局

(6) 郵便局

「ポートフォリオにいれよう」

自我評量：

1. 我能適切表達與接待家庭見面時的應對禮節。

2. 我於餐桌上能聽懂接待家庭人員的詢問並適切對應。

3. 我對於聽不清楚的部分能進一步詢問或再確認。

4. 我能詢問如何去某地點。

がっこうぎょうじ
学校行事

「學習目標」

1. 樂於參與日本學校所舉辦的活動。

2. 能觀察日本學生所喜愛的活動。

3. 對於各種活動的規則不僅能夠詢問，並能要求說明。

4. 能表達自己的建議，或說明台灣的活動模式。

「對應二外課綱」

學習表現：

8- Ⅳ -1 能將所學字詞作簡易歸類。

3- Ⅳ -10 能了解文本中對話的主要內容。

學習內容：

Bc- Ⅳ -10 運動。

「聞いてみよう」

1. 學攝影

（日本に来ている台湾人を案内する）

A：台湾人　B：日本人

（カメラのシャッター音）

A：伊藤さんはいつもカメラを持っていますね。写真が好きなんですか。

B：はい。私、映像学科なんです。

A：映像学科？

B：写真や映画のことを学ぶコースです。毎年、一年の最後に作品展があるので、今年は空の写真にしようと思って。

A：へー。すごい。

B：私たちの学校には、他にも美術や建築を学ぶコースがありますよ。

A：いいなー。楽しそう！

2. 聊社團

　A：台湾人　B：日本人

（日本人があくびをする）

A：ともくん、眠そうだね。大丈夫？

B：うん。僕、吹奏楽部なんだけど、もうすぐコンクールだから、毎日朝練があるんだ。

A：「あされん」って何？

B：朝、授業が始まる前にする練習のことだよ。夜も 8 時くらいまで練習があるから、眠いんだ。

A：そっかー。頑張って。コンクールを見に行ってもいい？

B：もちろん。時間と場所、また連絡するね。

3. 聊學校活動

A：台湾人　B：日本人

A：学校の行事で一番楽しみなのって、何？

B：うーん、そうだな……、やっぱり、文化祭かな。みんなで演劇やダンスを披露したり、クラスでたこ焼きの店を出したりするんだ。

A：わー、おもしろそう。じゃあ、あんまり好きじゃない学校行事って、ある？

B：好きじゃない行事？それはもちろん、マラソン大会だよ。

A：マラソン大会？そんなのあるんだ。

B：そう。1月に10キロ走らなきゃいけないから、とっても苦しいんだ。

A：冬なのに外で走るの？寒そう……。私、10キロ走ったことなんて、ないなあ。

4. 手工御守

A：台湾人　B：日本人

A：わー、かわいい！これ、「お守り」でしょ？

B：うん、そう。よく知ってるね。

A：日本の神社によくあるよね。これは、どこで買ったの？

B：これは買ったんじゃなくて、部活の後輩が作ってくれたんだ。

A：手作り！？すごく上手！

B：そうでしょ。夏に試合があったんだけど、その時に後輩た
ちが、私たちレギュラーメンバーにプレゼントしてくれた
の。

A：へー、先輩を応援する気持ちが込められているんだね。台
湾にはないなあ。

B：中には手紙も入ってたんだよ。絶対優勝してくださいって。

「語句と表現」

〔聞いてみよう〕

カメラ・映像学科・作品展・空・美術・建築・眠そうだ・吹奏楽
部・コンクール・文化祭・演劇・披露する・たこ焼きの店を出す・
おもしろそう・マラソン大会・走らなきゃいけない・苦しい・お
守り・夏・レギュラー・プレゼントしてくれる・応援する・気持
ちが込められている・絶対・優勝する

〔やってみよう〕

夕日が沈む・癒される・フォークダンス・輪になる・恥ずかしい・
悩み・眠れない・ドッジボール

「やってみよう」

活動一：「國高中生攝影比賽」

學習目標：

1. 能夠欣賞同年齡日本學生的攝影作品，並用日語說出特色。

2. 能向同學以日語說明自己喜愛的攝影作品的原因。

步驟：

1. 教師先上日本的「全日本写真連盟（ぜんにっぽんしゃしんれんめい）」官網，確認日本高中生的攝影比賽作品可公開觀賞後，再進入「全日本写真連盟（ぜんにっぽんしゃしんれんめい）の高校生（こうこうせい）の部（ぶ）」，於課堂中與同學一同觀賞。

2. 請各自選擇一張自己最喜歡的作品，於課堂中討論。可先兩人一組互相分享討論。

   例：

   Ａ：私（わたし）はこの写真（しゃしん）を選（えら）びました。

   Ｂ：①どうしてこの写真（しゃしん）を選（えら）びましたか。

   Ａ：きれいだからです。（絵（え）みたいだからです。）

   Ｂ：②この写真（しゃしん）を撮（と）った人（ひと）はどんな人（ひと）だと思（おも）いますか。

   Ａ：北海道（ほっかいどう）の人（ひと）だと思（おも）います。（野球選手（やきゅうせんしゅ）だと思（おも）います。）

   Ｂ：③この写真（しゃしん）が伝（つた）えたいことは何（なん）だと思（おも）いますか。

   Ａ：自分（じぶん）の町（まち）の魅力（みりょく）だと思（おも）います。（動物（どうぶつ）の面白（おもしろ）さだと思（おも）います。）

   請 A 按照自己的觀點回答，之後換 B 介紹自己選擇的相片，A 問問題。

3. 兩人對話完畢後，再請每位同學上台用日語發表，人數多的班

級，教師點幾位同學上台分享自己選的佳作。

4. 教師宣布舉行攝影比賽，決定一主題，例如：「キャンパス」
（校園）、「空（そら）」（天空）、「新（あたら）しい出会（であ）い」（新的邂逅）
等，或與學生生活相關的其他主題，而當意見分歧時，可由同學
投票決定比賽主題。

5. 請同學準備用手機拍照。教師可規定人物入鏡、或人物不入鏡等
相關規則。

6. 在固定的時間內，請同學們各自選擇自己最滿意的一張照片，並
以日文命名後傳給教師。

7. 教師收集所有作品後，可設定觀賞時間，並公開作品提供同學們
互相觀賞。

8. 在課堂內，可先讓同學以兩人一組互相發表自己的照片。並由同
伴發問，再互換問答。

例：

A：いつ撮（と）りましたか。

B：先週（せんしゅう）の日曜日（にちようび）に撮（と）りました。（夕方（ゆうがた）に撮（と）りました。）

A：この写真（しゃしん）のいいところはどこですか。

B：色（いろ）がきれいなところです。（癒（いや）されるところです。）

A：どうしてこのテーマにしましたか。

B：夕日（ゆうひ）がきれいだったからです。（ここをみんなに紹介（しょうかい）した
いからです。／雰囲気（ふんいき）が良（よ）かったからです。／なんとなく
です。）

9. 每位同學整理發表自己的照片，按順序上台發表，說出拍這張照
片的點子與特色。（發表範例在課本上）

10. 請教師印製下面的 Rubric 互評表，發給每位同學評量發表者作

品。評分者填寫 1 至 5 分，讓同學互評，並且不評分自己的作品，全班評選出最佳作品。

「國高中生攝影比賽」互評表

名前 _{なまえ}	アイディア	日本語の発表 _{にほんご はっぴょう}	写真のユニークさ _{しゃしん}	総得点 _{そうとくてん}
＿＿＿＿＿さん				
＿＿＿＿＿さん				
＿＿＿＿＿さん				
＿＿＿＿＿さん				
＿＿＿＿＿さん				
＿＿＿＿＿さん				
＿＿＿＿＿さん				

11. 人數多的班級可請老師重新製表，畫足班上份數的格子，印製發給同學，統計最高分者 1 名為最優秀獎，其他數名佳作。

12. 若學校經費許可，教師可將得獎作品放大擺置於走廊展示。

活動二：「台日運動會比一比」

學習目標：

1. 能查詢台灣與日本高中（國中、小學）運動會中比賽項目的異同。

2. 於查詢過程中，能透過利用日本網頁，或以向日本朋友詢問等方法，完成任務。

步驟：

1. 教師問同學學校的運動會有哪些項目，指示同學查詢相關項目

的日語怎麼說。例如：田徑賽（陸上競技<ruby>りくじょうきょうぎ</ruby>）、100 公尺（百<ruby>ひゃく</ruby>メートル走<ruby>そう</ruby>）、接力賽（リレー）、拔河（綱引き<ruby>つなひ</ruby>）、跳高（高飛び<ruby>たかと</ruby>）、跳遠（はば跳び<ruby>と</ruby>）、鉛球（砲丸投げ<ruby>ほうがんな</ruby>）等。

2. 教師將同學分 4 至 5 人小組，給 10 分鐘上網查日本的國、高中的運動會項目有哪些。各組請一位代表說出所查的答案（先說中文，再說日文）。

3. 教師問同學，日本的運動會比賽項目與台灣一樣嗎？有沒有特殊的競賽項目？有什麼不同？

4. 教師提示下列項目：「綱引き<ruby>つなひ</ruby>」（拔河）、「リレー」（接力賽）、「玉入れ<ruby>たまい</ruby>」（紅白沙包投籃比賽）、「障害物競走<ruby>しょうがいぶつきょうそう</ruby>」（障礙賽）、「マスゲーム」（團體表演遊戲）、「応援団<ruby>おうえんだん</ruby>」（啦啦隊）、「二人三脚<ruby>ににんさんきゃく</ruby>」（兩人三腳）、「棒倒し<ruby>ぼうたお</ruby>」（倒棒遊戲）、「騎馬戦<ruby>きばせん</ruby>」（騎馬打仗），各小組分配 1 個題目，給予時間查詢，透過網頁或詢問姊妹校的日本朋友等方法，以日文填寫課本上的學習單。

5. 完成學習單後，教師檢查各組表格整理，指導各組打字儲存文字檔，在口頭發表時呈現出文字檔，並佐以圖片說明，各組依序分享所調查的結果。

活動三：「解憂加油站」

學習目標：

1. 能用簡單的日文（或參雜英文）寫出自己煩惱的事情。
2. 能替朋友想出解決方案，並用簡單的日語說出。

步驟：

1. 若有日本交流校，與對方教師聯絡合作，可請兩班學生各自用日文寫下一件「悩んでいること<ruby>なや</ruby>」（煩惱的事情），請不記名，也

不強制，請想寫的人寫下，不會寫的地方也可以參雜使用英文。

2. 教師收齊後，為了讓閱讀者容易瞭解，打字整理一下。如果學生在意字跡，且不想讓老師認出的話，可直接放入一個大信封，並互送給對方。

3. 教師將同學分組，並按照所收到的件數，平均分給每組。每組同學拆開信封，共同閱讀，並思考解決策略（此時的討論可以使用中文），也可以全班討論。

4. 針對各題，請各組將想到的解決策略用日語說出，不會說的部分可請教師指導支援，並練習準備發表。教師將同學的發表（也可以參雜英語）錄影下來，互寄給對方。

5. 收到對方寄來的影片後，於課堂中播放讓全班共同觀賞。為了保密且不讓寫下該煩惱者的個人隱私曝光，可事先說好由全班共同觀賞影片。

6. 無姊妹校者，班級內分成兩組進行，或是不同班級之間、不同學校之間的交換。

7. 結束後，於班上分享感想。例如共同的煩惱、特別的煩惱、非常好的解決策略，如能進一步討論「為什麼有如此的煩惱」等議題會更好。如此的活動可培養同學們同理心、關懷別人的習慣。

例：

「夜、なかなか眠れない」に対して、次のようなアドバイスを考えました。

・いつも運動していますか。昼にたくさん運動するとよく眠れますよ。

・寝る前に温かいミルクを飲むのはどうですか。

・夜遅くまでゲームやインターネットをしていませんか。寝る

前はテレビやパソコンを見ないほうがいいですよ。

・悩みがあるなら、1人で悩むのではなく、親友に話してみたら、どうですか。

・何か悲しいことがありましたか。1人でいると、考えすぎてしまうので、人と話したり、好きなことをやってみたら、どうですか。

私たちからのアドバイスは以上です。夜、眠れないのはとても大変だと思います。よかったら、試してみてください。

活動四：「那一年的光輝往事」

學習目標：

1. 針對自己難忘的往事，能看著照片用簡單的日語表達。
2. 能回應別人的詢問。

步驟：

1. 全班同學各自選一張曾經參加過的學校活動中，最難忘的、且值得回憶的一張照片或圖片到學校來。

〔学校生活で一番印象的な思い出〕

2. 兩人一組，依下面的順序進行互問，由同伴先問持照片者。

例：

A：いつの写真ですか。

B：小学生の時の写真です。（中学生）

A：何をしているところですか。

B：ドッジボールをしているところです。（野球の試合／演奏）

A：場所はどこですか。

B：学校のグラウンドです。（市民球場／コンクールの会場）

A：どうして一番印象的ですか。

B：みんなで一生懸命頑張ったからです。

（優勝したからです。／初めての舞台だったからです。／賞をもらったからです。）

3. 可以增加 2 至 3 題同學們想問的題目，並鼓勵同學相互問答。

4. 充分回答了同學們的詢問之後，也請同學各自準備發表的稿子。

發表例：

これは高校一年生の文化祭の時の写真です。

私たちはマンガクラブで店を出しました。

私たちが作ったキーホルダーがたくさん売れました。

みんながかわいいって言ってくれて、嬉しかったです。

5. 於下一堂課請同學準備 3 至 4 張 PPT，進行口頭發表。發表後請同學們互評，各欄評分項目可填入 1 至 5 分。

「那一年的光輝往事」互評表

	日本語の発表	内容がおもしろい	私もやってみたい	総得点
＿＿＿さん				
＿＿＿さん				
＿＿＿さん				
＿＿＿さん				
＿＿＿さん				

＿＿＿＿さん				

6. 人數多的班級請老師重新製表，畫足班上份數的格子，印製發給
   同學，統計最高分前三名或數名給予獎勵。

「ポートフォリオにいれよう」

自我評量：

1. 我樂於參與日本學校所舉辦的活動。

2. 我能觀察日本學生所喜愛的活動。

3. 我對於各種活動的規則不僅能夠詢問，並能要求說明。

4. 我能表達自己的建議，或說明台灣的活動模式。

文化と風土

「學習目標」

1. 能認識了解日本的主要節慶並比較台日習俗的不同。
2. 能了解不同的風土民情並尊重多元文化。
3. 能調查並比較不同社會文化的禮儀規範。

「對應二外課綱」

學習表現：

7-Ⅳ-1 能認識課堂中所介紹的目標語國家主要節慶習俗。

7-Ⅳ-2 能認識課堂中所介紹的國內外主要節慶習俗之異同。

7-Ⅳ-4 能認識了解並比較課堂中所介紹的國內外主要節慶習俗。

7-Ⅳ-5 能以簡易外語介紹國內主要節慶。

7-Ⅳ-6 能了解不同國家的風土民情並尊重多元文化。

學習內容：

Bk-Ⅳ-1 主要節慶習俗。

Bk-Ⅳ-2 社會禮儀規範。

「聞いてみよう」

1. 黄金週

A：日本人　B：台湾人

Ａ：来月のゴールデンウィークに、家族で東北へ行くんだけど、イシンちゃんもどう？

Ｂ：本当！？旅行？何日くらい行くの？

Ａ：４泊５日。

Ｂ：へー、行きたい。

Ａ：じゃ、決まり。

Ｂ：そういえば、ゴールデンウィークって、何の休みなの。

Ａ：４月２９日は昭和の日、５月３日は憲法記念日、４日はみどりの日、それと……。

Ｂ：５月５日は子どもの日だよね。

Ａ：あ、そうそう。毎年、休みの長さは違うんだけど、土曜日と日曜日を合わせると、１週間くらい学校や仕事が休みになるよ。

Ｂ：そうなんだ。東北旅行、楽しみだなあ。

2. 換季了

Ａ：日本人　Ｂ：台湾人

Ａ：あつーい。まだ５月だけど暑いね。衣替えはまだ先なのに。

Ｂ：こども……？

Ａ：ころもがえ。季節に合わせて服を替えることだよ。日本では６月から夏の制服を着るの。

Ｂ：なるほど。それを「衣替え」と言うんだね。

A：台湾は？暑いからもう衣替えは終わってる？

B：うん。台湾はその年の天気で、学校が決めるんだ。

3. 5月5日兒童節

A：台湾人　B：日本人

A：もしもし、ともちゃん？スーパーに粽を買いに来たんだけど、見つからなくて……。

B：え？粽、ない？

A：うん、探したんだけど見つからないんだ。

B：細くて、長いのだよ。緑の葉っぱで巻いてあって……。

A：え？細くて長い？

B：和菓子のコーナー、見てみた？

A：え？なんで、和菓子？

B：日本の粽はお餅の中にあんこが入ってる甘い和菓子だよ。ちょっと待って、いま、写真送るから。

（LINE で写真が届く音）

A：えー！台湾の粽と全然違うんだね！おもしろい！ありがとう。もう一度探してみる。

4. 日本的七夕

A：台湾人　B：日本人

A：さやちゃん、あれ、なに？

B：ああ、七夕の笹だよ。今日は七夕だから、みんな願い事を書いて、笹に飾るんだ。台湾にも七夕ある？

A：あるけど、旧暦の 7 月 7 日だから、毎年同じ日じゃないんだ。それに、願い事は書かないよ。

B：へー、じゃあ、何するの？

A：昔は伝統的な行事もあったらしいけど、今は七夕は恋人の日だから、2人で食事したり……。バレンタインデーみたいな感じ。

B：そうなんだ。あ、駅前の商店街にも笹があって、願い事を書いて飾ることができるよ。後で行ってみない？

A：うん、行きたい！！

「語句と表現」

〔聞いてみよう〕

ゴールデンウィーク・そういえば・憲法記念日・みどりの日・衣替え・季節に合わせる・服を替える・探す・葉っぱ・巻く・コーナー・あんこ・七夕の笹・願い事・飾る・恋人の日・バレンタインデー

〔やってみよう〕

手水鉢・神社にお参りする・裸足・靴を脱ぐ・勝手に触る・手土産・靴を揃える

「やってみよう」

活動一：「日本文化知多少」

學習目標：

1. 能透過查詢網頁，來理解日本的文物用品等。
2. 能用簡單日語說明查到物品的名稱，理解日本的社會背景文化。

步驟：

1. 教師問學生課本「日本文化について調べよう」表中的常見日本用品圖，同時問學生有沒有看過、知不知道如何使用。

   「これは何ですか？」、「見たことがありますか？」、「どうやって使いますか？」

2. 當遇到不知道的物品時，可讓同學分組查詢，上網查或詢問日本朋友，並填寫「日本文化について調べよう」表。當查不到時，教師可提示名稱。課本上的圖依序為1.「風鈴」、2.「こたつ」、3.「茶筅」、4.「かぶと」、5.「雛人形」、6.「絵馬」、7.「だるま」。各組可自行多設計一個有趣物品的欄位，並添加在最後一欄。

3. 查完後，全班核對「名称」、「使い方」的答案，請各組發表「気付いたこと」的新發現，並介紹最後一項自己選擇的物品，可以用圖片向大家說明。

活動二：「拜訪的禮節」

學習目標：

1. 能了解不同文化，並尊重多元文化。
2. 能用簡單日語說明跨文化禮節的不同。

步驟：

1. 教師詢問當親戚或朋友來家中作客時，是否有某些人受歡迎，而某些人較不受歡迎的情況發生？能否舉出具體的例子說說看，同時請同學說說看不受歡迎的理由。

2. 到不同的國家作客時，往往發現習慣跟我們不同，那麼該怎麼辦呢？怎麼做才不會失禮呢？

3. 以同理心了解對方的習慣、作法，雖然習慣與我們不同，但是只要尊重對方的規矩，就是一個受歡迎的客人。

4. 例如，到日本人家庭拜訪時，會有以下的規矩。請同學分組思考一下為什麼，再一一請各組發表。

例：

(1) １１時から１２時の間や、１７時以降の訪問は避ける。

(2) 裸足で家に上がらない。

(3) 靴を脱いだら、揃える。

(4) かばんをテーブルの上に置かない。

(5) 勝手に物に触らない。

(6) 手土産を持っていく。

どうしてでしょうか。考えてください。

以下為參考解答：

(1) 食事の時間に家を訪ねるのは相手の迷惑になるからです。お客さんの分も食事を準備しなければなりません。

(2) 日本では、靴下を履いて上がらなければなりません。足が汗で汚れているかもしれません。素足だと、床やたたみを汚してしまうからです。

(3) 出るとき、すぐに履けるように、靴の方向を変えて、並べなければなりません。玄関には他の人の靴もあるので、揃えないと邪魔になってしまうからです。

(4) 日本人にとって、テーブルは食事をしたり、お茶やお菓子、食べ物を置く場所です。かばんを置く場所じゃないからです。かばんは邪魔にならないように足元に置くといいです。

(5) 大事な物を汚したり壊したりすると、大変だからです。相手にとって大切な物かもしれません。

(6) 招待してもらったお礼にお客さんはできれば何かプレゼントしたほうがいいです。

5. 相同的狀況，請各組說說在台灣作客時，哪些禮節是該重視的禮節，討論之後各組填寫課本上的學習單，舉例說明。

活動三：「日本台灣祭典大調查」

學習目標：

1. 能查詢日本重要的節慶祭典日期、地點、由來等。
2. 能與台灣的節慶進行比較，瞭解文化習俗的異同。

步驟：

1. 分組調查日本各地區在不同季節中有名的祭典，並試著找出舉辦祭典的日期、地區、由來、特色等。
2. 各組使用 PPT 進行 3 分鐘以內的簡報發表。
3. 若有預定旅行或參訪的地區，例如九州、東北，那麼可指定調查某一區域，或該季節有特殊的祭典也可指定調查該祭典。
4. 或將同學分組進行調查台灣的節慶祭典，或該時節有名的慶典活動，一樣找出舉辦祭典的日期、地區、由來、特色等（場所、開

催時期、お祭りの由来や特色など），進行 3 分鐘簡報發表。學校所在地區若有特殊節慶活動亦可列入調查對象。

5. 發表後，由台下同學進行發問。

例：

・一番興味を持ったお祭りはどれですか。

〔日本のお祭りの例〕

(1) 宮城県「仙台七夕祭り」

(2) 大阪府「天神祭」

(3) 長崎県「長崎くんち」

(4) 秋田県「秋田竿灯祭り」

(5) 沖縄県「エイサー祭り」

(6) 京都府「祇園祭り」

(7) 徳島県「阿波おどり」

(8) 青森県「ねぶた祭」

(9) 福岡県「博多祇園山笠」

(10) 東京都「神田祭」

〔台湾のお祭りの例〕

(1) 中元節

(2) 元宵節燈會（北、中、南、東）

(3) 媽祖遶境

(4) 豐年祭

(5) 桐花祭

(6) 鮪魚祭

(7) 澎湖花火節

(8) 墾丁春吶

「ポートフォリオにいれよう」

自我評量：

1. 我能認識了解日本的主要節慶並比較台日習俗的不同。

2. 我能了解不同的風土民情並尊重多元文化。

3. 我能調查並比較不同社會文化的禮儀規範。

Unit 6 がいしゅつ 外出

「學習目標」

1. 在各種店點餐時能說出自己要的數量及需求。
2. 與朋友用餐時能說出自己的飲食偏好。
3. 購買物品時，能說明顏色、大小、功能、價錢等。
4. 能對美麗的事物表達讚賞。
5. 能與朋友討論網購。

「對應二外課綱」

學習內容：

Bf- Ⅳ -1 餐廳。

Bf- Ⅳ -2 點餐。

Bf- Ⅳ -3 飲食偏好。

Bg- Ⅳ -1 網購。

Bg- Ⅳ -3 錢幣。

Bg- Ⅳ -4 商品。

Bg- Ⅳ -5 商店。

「聞いてみよう」

1. 我點餐

   （レストランでメニューを見ながら話し合う）

   A：日本人　B：台湾人

   A：家豪くん、何にする？

   B：うーん。どれもおいしそうで迷うな。今日は麺類が食べたいなあ。何かおすすめはある？

   A：ここはミートスパゲッティがおすすめだよ！

   B：そうなんだ！じゃあ、ミートスパゲッティにしようかな。

   A：プラス200円でセットにできるけど、どうする？

   B：うーん。今日は単品にするよ。

2. 便利商店買餐點

   （コンビニで）

   A：店員　B：台湾人

   A：いらっしゃいませ。（レジを通す音）お弁当は温めますか。

   B：はい、お願いします。

   A：袋は要りますか。

   B：はい、お願いします。

   A：お箸はお付けしますか？

   B：いいえ、けっこうです。

Ａ：かしこまりました。お会計は 810円になります。

3. 逛逛跳蚤市場

（フリーマーケットで）

Ａ：日本人　Ｂ：台湾人

Ａ：今度フリマに行かない？

Ｂ：何それ？

Ａ：私も友達に誘われたんだけど、フリマってフリーマーケットのことで、普通の店では売っていない、手作りのものや古着を売ってるところだよ。

Ｂ：おもしろそう！行ってみたい。

＜当日＞

Ｂ：見て！このTシャツすてきなデザイン！欲しいなあ。

Ａ：いいじゃん。値段も高くないね。

Ｂ：うーん。でも、長袖はないかな？

Ａ：あるかもよ。聞いてみたら？

4. 購物調貨

Ａ：台湾人　Ｂ：店員

Ａ：すみません、この服のMサイズはありますか？

Ｂ：申し訳ありません、Mサイズは売り切れてしまいました。

色違いでこちらの商品がありますが、いかがですか？

A：うーん。この色はちょっと……。

B：よろしければ、お取り寄せもできますが、どうなさいますか？

A：どのくらいかかりますか。

B：一週間ぐらいですね。

A：じゃあ、お願いします。

B：では、届いたら、お電話いたします。

「語句と表現」

〔聞いてみよう〕

ミートスパゲッティ・要る・友達に誘われる・フリーマーケット・古着・Tシャツ・長袖・サイズ・売り切れる・色違い・取り寄せる・届く

〔やってみよう〕

サイト・値段が高い・無料で配送する・評判がいい・インフォメーション・注文・春菊・葱・キュウリ・ゴーヤ・セロリ・モロヘイヤ・パクチー・ボーダー・おそろい

「やってみよう」

活動一：「網購高手」

學習目標：

1. 能與朋友討論網購。

2. 購物時能評估商品的優劣資訊進行選擇。

步驟：

1. 視班上同學的喜好，決定一項想買的商品，例如衣服類、化妝品類、遊戲類、模型玩具類、書本雜誌類等，教師可規定價位不超過 1500 元等。

2. 教師利用電腦或手機示範如何找到日本網站，同學們分組討論想購買的網路商品，網站不限國別，並開始上網查詢賣家。

3. 與同學進行討論，並對網路商品進行市場調查評比等，商品名則填入（　　　　　）內，並完成課本學習單，最後決定購買 CP 值最優的商品。

4. 各組整理討論結果，準備發表，其中價格需換算成台幣。參考並指導課本內的發表例。

5. 發表後讓同學票選哪一組為最佳網購高手，票選方法可以一人一票舉手表示支持的組別（自己組不投），或發給同學白紙，寫出支持的組別名稱以及理由。

活動二：「外出情境劇」

學習目標：

1. 在日本外出時，面對購物、問資訊、吃飯、問路等情境時，能用簡單的日語表達。

2. 與同學共同創作情境劇，並分配角色快樂演出。

步驟：

1. 教師問學生外出時將碰到什麼樣的日語溝通場面，並告知學生今天要用日語演出外出的情境劇。

2. 例如：與朋友決定去哪裡購物：どこへ買_かい物_{もの}に行_いくか話_{はな}し合_あう

　　　　　到服務台詢問：インフォメーションで聞_きく

　　　　　到了賣場買東西：売_うり場_ばで買_かい物_{もの}する

　　　　　到了餐廳吃飯：レストランで注文_{ちゅうもん}する

会話例_{かいわれい}：

場景 1：與朋友商量（友達_{ともだち}と話_{はな}し合_あう）

A：どこ行_いく？

B：ＵＳＢ_{ユーエスビー}を買_かいたいから、電気屋_{でんきや}へ行_いきたいな。

A：いいよ！

場景 2：在服務台詢問（インフォメーションで聞_きく）

A：すみません、ＵＳＢ_{ユーエスビー}はどこですか？

B：2階_{にかい}のパソコン売_うり場_ばにございます。

A：ありがとうございます。

場景 3：在賣場買東西（売_うり場_ばで買_かい物_{もの}する）

A：すみません、8GB_{はちギガバイト}のＵＳＢ_{ユーエスビー}メモリはありますか？

B：こちらです。

A：赤_{あか}のをください。

B：かしこまりました。

場景 4：在餐廳點餐（レストランで注文する）

A：ご注文はお決まりですか？

B：ハンバーガーとコーラをください。

A：ハンバーガーお一つと、コーラお一つですね？

B：はい。

A：かしこまりました。少々お待ちください。

3. 將 2 至 3 人分為一組，參考課本內 4 個場景的會話例句，各組決定一個行動劇，並分配組員角色。可以選擇到電器行購物、到餐廳點餐、向服務台詢問、或在街上向路人問路、在超市結帳等。決定場景，同學分配扮演的角色，例如當店員、當櫃姐、當客人等並完成編寫腳本，練習演出。

4. 各組表演時，請教師印製以下同儕評量的 Rubric 表，或重新設計表格讓同儕進行互評，自己組別不評。

外出情境劇評量表

	日本人みたい	チームワーク	演技力	総得点
グループ 1	☆☆☆☆☆	☆☆☆☆☆	☆☆☆☆☆	
グループ 2	☆☆☆☆☆	☆☆☆☆☆	☆☆☆☆☆	
グループ 3	☆☆☆☆☆	☆☆☆☆☆	☆☆☆☆☆	
グループ 4	☆☆☆☆☆	☆☆☆☆☆	☆☆☆☆☆	

活動三：「飲食好惡」

學習目標：

1. 能用簡單的日語說出自己與他人的飲食偏好。

2. 能關心並尊重不同飲食偏好的朋友。

步驟：

1. 教師引導同學思考飲食習慣知多少，有不吃豬肉、不吃牛肉的民族，或偏好吃魚類、生魚片等民族，或因宗教信仰只吃素食等。每個人亦有不同的飲食偏好，例如不吃香菜、不吃蔥等。

2. 請學生猜猜台灣人和日本人最不喜歡吃的蔬菜是什麼，有網路調查指出台灣人及日本人不喜歡吃的蔬菜排行榜為：

   台灣：1. 香菜（パクチー）2. 蔥（ねぎ）3. 小黃瓜（キュウリ）
   　　　4. 茄子（なす）5. 番茄（トマト）

   日本：1. ゴーヤ（綠苦瓜）2. セロリ（芹菜）3. モロヘイヤ（埃及國王菜）4. 春菊（茼蒿菜）5. ブロッコリー（花椰菜），這些消息僅供參考。

3. 請問同學們：

   「好きな食べ物は何ですか。」

   「苦手な食べ物は何ですか。」

   「どうしてですか。」

   讓每個人找 3 個朋友問問，並填寫好課本內的學習單。

4. 全班分組，各小組內互相分享事先調查的 3 位朋友們的飲食偏好（也可分享與朋友一起飲食的小故事、經驗等）。

5. 分享完畢，由分享人說出人名，考考同組的人，看誰能記住該名朋友喜歡與討厭什麼。

   「李君の好きな食べ物は何ですか。苦手な食べ物は何ですか。」

6. 說對的得分，請分享人記錄。全部人數輪完後，看誰說對最多，為該組的「關心朋友者」，給予獎勵。

活動四：「最佳廣告」

學習目標：

1. 能用簡單的日語說明某物品的好處，包括顏色、大小、功能、價錢等。
2. 能與同儕互動合作。

步驟：

1. 教師可於上一週事先說明本週將進行商品廣告活動，請同學各自選擇一項自己喜愛的物品，並透過照片，準備進行宣傳。
2. 先由同學們兩人一組，帶著實物者可拿出實物，無實物者則以拍攝的照片宣傳。宣傳的重點如下：

   ・どこで賞いましたか。

   ・値段はどうでしたか。

   ・色、柄、大きさ、使いやすさはどうですか。

3. 再將兩組合併為一組，4 人群組內再進行一次宣傳，經由組內 PK 選出一項最出色的物品。
4. 由各組出線的代表，在班上進行發表。以一人一票的投票方式選出最佳廣告人是誰。

「ポートフォリオにいれよう」

自我評量：

1. 我在各種店點餐時能說出自己要的數量及需求。
2. 我與朋友用餐時能說出自己的飲食偏好。
3. 我購買物品時，能說明顏色、大小、功能、價錢等。
4. 我能對美麗的事物表達讚賞。
5. 我能與朋友討論網購。

アクシデント

「學習目標」

1. 遇見特殊狀況或危險處境時，能夠尋求解決。
2. 發生事故時，能學會求救方法。
3. 能與朋友討論身邊可疑的人、事、物，理解狀況並避免受波及。

「聞いてみよう」

1. 緊急狀況發生

（事故で電車が出発できない状況で、アナウンスが聞き取れず、
隣の人に聞く）

（電車内での会話）

A：台湾人　B：日本人

アナウンス：大阪駅で線路内に人が入ったため、電車が緊急停止
いたしました。ただいま、安全の確認を行っており
ます。そのため、大阪方面、天王寺方面ともに運転
を見合わせております。お客様には大変ご迷惑をお
かけいたしますが、運転再開まで今しばらくお待ち
ください。

A：あのー、すみません。何があったんですか。

B：ああ、大阪駅で事故があったみたいで、安全のため、止まってるんですって。

A：事故？いつ動きますか？

B：うーん、それはちょっと分かりませんね……。

A：そうですか。分かりました。すみません。ありがとうございます。

2. 遅刻連絡

（授業に遅れることを LINE または電話で友達に伝える）

A：台湾人　B：日本人

A：もしもし、ゆかちゃん、事故で電車が止まってて、授業に遅れそう。

B：事故！？大丈夫？

A：うん、大丈夫。私が乗ってる電車じゃなくて、前の電車で事故があったみたい。でも、電車が止まっちゃって、動かないんだ。

B：そうなんだ。

A：先生に遅刻するって伝えてもらえるかな？

B：うん、いいよ。あ、駅で遅延証明書をもらえるから、それを出せば遅刻にならないよ。

A：遅延証明書？

B：「電車が遅れました」っていう証明書。駅員さんが配ってる

と思うけど、なかったら駅の窓口で聞いてみて。あと、イン
ターネットでもダウンロードできるよ。

A：分かった。教えてくれてありがとう。

3. 尋找失物

（家で）

A：日本人　B：台湾人

A：どうしたの？

B：パスケースを落としちゃったみたい。今日帰る時はあったの
に。

A：鉄道会社のホームページから、忘れ物センターに連絡したほ
うがいいよ。明日、駅でも、聞いてみようか。

B：うん。

（駅で）

B：すみません。昨日パスケースを無くしちゃったんですが、届
いてませんか？

駅員：インターネットで登録しましたか。

B：はい、登録しました。

駅員：少々お待ちください。どんな色ですか？

B：黄色で、猫の絵が付いているパスケースです。

駅員：はい、届いていますよ。ＩＣカードにいくらぐらい入って
たか覚えてますか？

B：2000円ぐらいだと思います。

駅員：よかったですね。そのままですよ。

B：ありがとうございます。

4. 夜行安全

（夜道の1人歩き）

A：日本人（母）　　B：台湾人

A：明日の夕方は友達の家に行くって言ってたよね？

B：はい、みんなで手巻き寿司を作ります。ですから、夕飯は要りません。

A：楽しそうね。帰りは何時頃になりそう？

B：8時を過ぎると思います。

A：最近、この辺りでひったくりや痴漢が出るらしいの。夜1人で帰ってくるのは危ないから駅まで車で迎えに行くね。電車に乗る時、連絡してくれる？

B：分かりました。ありがとうございます。じゃ、お願いします。

「語句と表現」

〔聞いてみよう〕

線路内・緊急停止する・安全・確認する・運転再開する・しばらく・事故・動く・授業に遅れる・遅刻する・遅延証明書・鉄道会社・忘れ物センター・登録する・パスケース・ICカード・手巻き寿司・夕飯・楽しそうだ・ひったくり・痴漢

〔やってみよう〕

防犯ホイッスル・防犯ブザー・反射板キーホルダー・スリ防止
チェーン・自転車のワイヤーロック・車両・通学する・ぶつかり
そうになる・聞こえる・自転車に気をつける・爆弾・窓口・ぶつ
かる・怪我・変な人・付きまとわれる

「やってみよう」

活動一：「防身用品」

學習目標：

1. 熟悉日本常見的防身用品，並知道其日文名稱。

2. 能用日語說出此防身用品可在何時使用。

步驟：

1. 教師利用網頁呈現出日本常見隨身攜帶的防身用品相片，同時詢
   問同學何時使用。

2. 問學生常攜帶的防身用品是什麼，或什麼是萬全且好用的防身用
   品。

3. 學習自行查詢宣導海報上的單字。

【防身用品示例】

・防犯ホイッスル・防犯ブザー・反板キーホルダー・スリ防止
チェーン・自転車のワイヤーロック

4. 分成 5 組，各組討論如何用日文說明、可於何時使用，各組發
   表。當學生表達有困難時，教師可提供協助。

解答例：

・防犯ホイッスル：危険な時、この笛を吹きます。

・防犯ブザー：みんなに自分の危険を知らせます。

・反射板キーホルダー：暗い道を歩く時、車に人がいることを
　　　　　　　　　　　知らせます。

・スリ防止チェーン：ポケットやかばんから貴重品が盗まれな
　　　　　　　　　　いようにします。

・自転車のワイヤーロック：自転車が盗まれないようにしま
　　　　　　　　　　　　　す。

5. 最後教師考考各組同學能否說出這些防身、防盜用品的用途。教師說「防犯ホイッスルはどんな時に使いますか」等，「防犯ブザーは」讓各組準備好後舉手回答，看哪組最清楚，教師予以獎勵。

活動二：「防身知識知多少」

學習目標：

1. 能閱讀並正確判斷防身知識。
2. 能主動積極出題，參與活動進行。

步驟：

1. 教師列舉最近學生所發生的意外事件，並詢問同學未來應如何避免。

2. 教師詢問知不知道日本的學生意外事件，討論該如何照顧自身安危。

3. 教師朗讀課本上「防身意識大調查」的測試題，並讓同學自行判斷，回答「はい」或「いいえ」。教師適度說明理由，或簡化答

案，以下理由提供參考，目的在學日語的同時，提醒學生思考保護自身安危的對策。

例「×」の理由：周囲の状況に注意していなくて、危ないからです。

対策：携帯を使うときは、安全なところで止まって使いましょう。

(1)「×」的理由：悪い人に名前を覚えられると、友達になったふりをして、話しかけられることがあるからです。

対策：見えるところに名前を出さないようにしましょう。

(2)「×」的理由：泥棒に入られることがあるからです。

対策：寝るときは、窓を閉めましょう。

(3)「×」的理由：ストーカーや痴漢に付きまとわれることがあるからです。

対策：なるべく違う車両に乗りましょう。時々電車の時間や車両を変えましょう。

(4)「○」的理由：いつも注意深く行動するイメージがあれば、悪い人が近づきません。

(5)「×」的理由：相手がどんな人か分からないから、危ないです。危険人物に付きまとわれる可能性があるからです。

対策：簡単に人に住所を教えないようにしましょう。

(6)「×」的理由：暗いところで犯罪事件がよく起こるので、危ないです。避けるべきです。

対策：夜は明るい道、人が多い道を選んで歩きましょう。

(7)「×」的理由：相手がどんな人か分からないから、誘拐される可能性もあります。

対策：知らない人の車に乗らないようにしましょう。

(8)「×」的理由：爆発物や毒物が入っている可能性があるからです。

対策：怪しいかばんが置いてあると分かったら、駅員さんや警察に通報しましょう。

(9)「×」的理由：相手がどんな人か分からないし、トイレで何が起こるか分からないからです。

対策：トイレまで押してほしいということは怪しいから、警戒心が必要です。

4. 最後請同學就自己經歷過，或見過的事件，出一題目，填在課本上，請同學發表題目。

5. 最後教師閱讀「防身意識大調查」最後三題，並由大家表示「○」、「×」，最後核對答案，並請同學適度說明理由。

6. 以上提高防身警覺的學習也可以進一步發展成「短劇」表演，或影片製作，並在全校成果展發表時表演，提醒無論身處何地，特別是出國參訪，或短期留學時注意自身安全。

（シナリオ脚本）

(1) 歩きながら携帯で電話をしたり、LINE やメールをしたりする例。

歩きながら携帯で電話をしている女の子。

後ろから自転車が来て、ぶつかりそうになる。

注意をするクラスメート「危ない！歩きながら携帯で電話をしていると、事故にあうよ！！音楽を聴くのもだめ！バイクや車、自転車の音が聞こえないでしょ。歩くときはバイクや車、自転車に気をつけてね！」

(2) 駅でホームの椅子の下にある不審な紙袋に気づく 3 人。

A：「あれ、何だろ。忘れ物かな？何が入ってるか、開けて見てみよう。」

B：「だめだよ。もし、爆弾や危険なものが入っていたら、危ないよ。」

C：「じゃあ、窓口まで持って行こう。」

B：「だめだめ。自分で持っていくのも危ないよ。駅員さんや警察にすぐに通報しよう。」

（窓口まで行く）

B：「すみません、ホームの椅子の下に紙袋があるんですけど……。誰かの忘れ物かもしれません。」

係員：「そう。教えてくれてありがとう。」

活動三：「困境逃脱」

學習目標：

1. 當身處困境時，能思考解決策略。

2. 樂於與同學合作，共同進行發表。

步驟：

1. 教師詢問同學背包客旅行時或留學生可能面對什麼困境。

2. 依學生的年齡、能力，面對困境時的解決方法不同，教師依照同學們可能做到的方式進行指導。

3. 全班分組，各組討論課本上「困境逃脱」學習單，面臨各種狀況時，該採取什麼措施。

4. 解決方法有很多種，並無固定答案，教師可提供以下策略給學生參考。

(1)「家へ帰る途中、スマホがなくなったと気付いた。」への対処方法。

①いつどこでなくしたか考える。

②なくした場所や、その近くの交番で聞いてみる。

(2)「学校のグラウンドでボールに当たって怪我をした。」への対処方法。

①保健室に行く。

②動けない場合は、しゃがんでおくか、横になる。人が来るのを待つ。

③ホームステイ先の人に連絡する。

(3)「自転車で人とぶつかった。」への対処方法。

①警察に届ける。

②相手に怪我があるかどうかを確認する。こどもの場合は親に連絡する。

③必要なら、病院に連れていく。

(4)「町で変な人に付きまとわれた。」への対処方法。

①交番に行く。

②近くの店に入る。

③人が多いところに行く。

5. 各組完成討論後，教師提問，各組派代表回答，或同學們可以選擇演戲的方法，說明如何回應。

「ポートフォリオにいれよう」

自我評量：

1. 我遇見特殊狀況或危險處境時，能夠尋求解決。
2. 發生事故時，我能學會求救方法。
3. 我能與朋友討論身邊可疑的人、事、物，理解狀況並避免受波及。

Unit 8　自然災害
<ruby>自<rt>し</rt></ruby><ruby>然<rt>ぜん</rt></ruby><ruby>災<rt>さい</rt></ruby><ruby>害<rt>がい</rt></ruby>

「學習目標」

1. 能聽懂電視對颱風、地震等自然災害的播報並採取防災準備行動。
2. 發生特別事故時，能聽懂交通運輸的廣播及搜尋避難相關資訊。
3. 理解、學習對不同文化的受災害者表達關切的方法。

「對應二外課綱」

「自然與環境」：氣候、四季、颱風、地震。
「議題學習目標」：防災教育。

「聞いてみよう」
「<ruby>聞<rt>き</rt></ruby>いてみよう」

1. 颱風警報

　　A：<ruby>台湾人<rt>たいわんじん</rt></ruby>　B：<ruby>日本人<rt>にほんじん</rt></ruby>

　　（ホストファミリーの<ruby>家<rt>いえ</rt></ruby>で）

　　テレビ：<ruby>大型<rt>おおがた</rt></ruby>で、<ruby>非常<rt>ひじょう</rt></ruby>に<ruby>強<rt>つよ</rt></ruby>い<ruby>台風<rt>たいふう</rt></ruby>２４<ruby>号<rt>ごう</rt></ruby>は、１２<ruby>時現在<rt>じげんざい</rt></ruby>、<ruby>沖縄<rt>おきなわ</rt></ruby><ruby>本島東<rt>ほんとうひがし</rt></ruby>の<ruby>海上<rt>かいじょう</rt></ruby>を<ruby>北<rt>きた</rt></ruby>に<ruby>進<rt>すす</rt></ruby>んでいます。<ruby>台風<rt>たいふう</rt></ruby>は<ruby>今夜<rt>こんや</rt></ruby>には<ruby>四国<rt>しこく</rt></ruby>、<ruby>本州<rt>ほんしゅう</rt></ruby>に<ruby>上陸<rt>じょうりく</rt></ruby>し……。

　　A：<ruby>台風<rt>たいふう</rt></ruby>だって……。いつ<ruby>来<rt>く</rt></ruby>るのかな。

　　B：<ruby>今夜上陸<rt>こんやじょうりく</rt></ruby>って<ruby>言<rt>い</rt></ruby>ってるから、<ruby>明日<rt>あした</rt></ruby>の<ruby>朝<rt>あさ</rt></ruby>はきっと<ruby>暴風域<rt>ぼうふういき</rt></ruby>に<ruby>入<rt>はい</rt></ruby>るね。

Ａ：暴風域って？

Ｂ：とても強い風が吹いているところ。大雨も降ると思うよ。

Ａ：明日、休みになりそうだね。

Ｂ：そうかな。まだ分からないよ。

Ａ：でも、先生が暴風の知らせが出たら、休みだって言ってたよ。

Ｂ：それは、暴風警報ね。暴風注意報だったら、学校に行かなきゃならないんだよ。明日の朝、警報が出ていたら、休みになるけど……。

Ａ：そっか。台湾と違うんだ……。

2. 防震演習

Ａ：台湾人　Ｂ：日本人（母）

（ホストファミリーの家で）

Ａ：今日学校で面白いことしたよ。

Ｂ：へー。何？

Ａ：まず、放送があって、みんなで机の下に入ったよ。

Ｂ：ああ。避難訓練ね。

Ａ：そうそう。で、黄色い座布団をかぶって外へ出たんだ。

Ｂ：防災頭巾ね。

Ａ：それから、「おかし」が何とか……。

Ｂ：おかし？食べたの？

Ａ：ううん。言葉がお……なんだっけなあ……。

Ｂ：ああ、「お」は人を押さない。「か」は駆けない。つまり走らない。「し」はしゃべらないだよ。

Ａ：ああ、そうそう。そんなかんじだった。

3．地震發生

Ａ：日本人　Ｂ：台湾人

（学校で）

Ａ：ヨウ君、大丈夫？今、揺れたね！？

Ｂ：うん、びっくりした。けっこう大きかったし、長かった。

Ａ：震度 4 か 5 くらいかな？でもまだ安心しちゃダメ、余震が来るかもしれないから。

Ｂ：あ、そうだね。余震が来たら、どうすればいい？

Ａ：とにかく、倒れそうな棚から離れて、テーブルや机の下で身を守って。クッションなんかで頭を保護して、揺れが収まるのを待つんだよ。

Ｂ：なるほど。あわてて外に逃げちゃだめだね。

Ａ：その通り。それから、テレビやネットで、避難指示などの情報を確認しよう。

4. 豪大雨發生

A：台湾人（たいわんじん）　B：日本人（にほんじん）

（外出中（がいしゅつちゅう））

A：雨（あめ）がますますひどくなってきたね。

（携帯電話（けいたいでんわ）にお知（し）らせが来（く）る）

B：あ、「この地域（ちいき）に大雨注意報（おおあめちゅういほう）が出（で）た」って、お知（し）らせが来（き）たよ。

A：わー。これから、もっとひどくなりそうだね。

B：うん、早（はや）く帰（かえ）らないと。

A：そうだね。早（はや）く帰（かえ）ろう。

「語句（ごく）と表現（ひょうげん）」

〔聞（き）いてみよう〕

大型（おおがた）・台風（たいふう）・進（すす）む・上陸（じょうりく）する・暴風域（ぼうふういき）・大雨（おおあめ）・知（し）らせ・警報（けいほう）・注意報（ちゅういほう）・放送（ほうそう）・避難訓練（ひなんくんれん）・黄色（きいろ）い座布団（ざぶとん）をかぶる・防災頭巾（ぼうさいずきん）・人（ひと）を押（お）す・駆（か）ける・しゃべる・揺（ゆ）れる・びっくり・余震（よしん）・とにかく・倒（たお）れそうな棚（たな）・クッション・保護（ほご）・収（おさ）まる・あわてる・その通（とお）り・避難指示（ひなんしじ）・大雨注意報（おおあめちゅういほう）・気象情報（きしょうじょうほう）

〔やってみよう〕

対策（たいさく）・道（みち）が凍（こお）っている・滑（すべ）り止（ど）め・雪道専用（ゆきみちせんよう）・人（ひと）が通（とお）っていない・滑（すべ）る・屋根（やね）・懐中電灯（かいちゅうでんとう）・トイレットペーパー・災害（さいがい）

「やってみよう」

活動一：「防災智囊團」

學習目標：

1. 理解日本的防災知識。
2. 樂於與同學合作，共同進行發表。

步驟：

1. 教師詢問台灣最近的自然災害有哪些、日本的災害有哪些。
2. 全班分組，以有備無患的心理，分組查詢災害發生前可以做的預防措施。
3. 日本各鄉鎮有「防災マニュアル（やさしい日本語版）」，可請教師先點閱查看，並選擇一部易懂且適合同學們的防災影片，於課堂播放。
4. 分「地震グループ」、「大雨グループ」兩組別，各組約 4 至 5 人，兩三組同一題目亦可，共同討論當遇到以下狀況時，該採取什麼措施，填妥自己組別的學習單。
5. 教師配對不同組別的人，以一對一的方式互相交換所得資訊，互相聽取對方所知資訊，填滿學習單。（以日語相互問答，填寫聽取的資訊時允許使用中文，可讓學生能更清楚掌握防災策略。）

例：

Q：家にいる時、地震が起きたら、どうしたらいいですか。

A：激しい揺れは短いです。家具が倒れることがあるから、早く机やテーブルの下に入ってください。自分の頭を守ってください。そして、揺れが収まったら、火を消してください。

Q：外にいる時は、どうすればいいですか。

A：建物の近くは窓ガラスや看板が落ちてくるかもしれません。早く建物から離れるようにしてください。

Q：地下街やスーパーにいるときは、どうすればいいですか。

A：倒れやすいものや棚から落ちてくるものに気をつけてください。非常口の近く、ものがないところが安全です。

5. 填寫完畢回到各組分享，查閱日本網站資訊的防災避難心得，最後全班用中文討論，做一張防災宣導海報，藉此宣導在學校、在家裡、在自己居住的城鎮該如何防災。

活動二：「避難包」

學習目標：

1. 理解並學習日本的防災知識。
2. 樂於與同學合作，共同進行發表。

步驟：

1. 日本開發許多避難時所使用的簡便攜帶的商品，培養一般人平日「有備無患」的習慣，同時方便外出時隨時隨身攜帶。例如不管什麼年齡層，幾乎每個人身邊都準備好一個避難包包。如果是餅乾類的食物，也應注意有無過期、更換新品裝入等。

2. 詢問同學如果今天要準備一個避難包，你想準備什麼。

避難するときのかばんに何が入っていますか。

→水、懷中電灯、靴、トイレットペーパー、チョコレートがあります。

3. 分組準備地震防災包，看每組的內容物並分享準備心得。教師可以限制條件，準備 10 件以內認為最重要的物品，放進防災包包

裡，留意防災包的大小僅如一般普通背包而已。每組討論並完成學習單之後發表心得分享，分享時每個人依序說明物品，同儕評分，自己組別不評，教師則印製並發給「避難包發表評量表」，看哪組思考最周到。

発表例_{はっぴょうれい}：

私_{わたし}たちのかばんには救急箱_{きゅうきゅうばこ}が入_{はい}っています。

なぜ救急箱_{きゅうきゅうばこ}かというと、災害時_{さいがいじ}は怪我_{けが}をすることがよくあるからです。また、避難_{ひなん}している時_{とき}に具合_{ぐあい}が悪_{わる}くなることもあります。薬局_{やっきょく}が開_あいていないかもしれませんから、持_もっていないと困_{こま}ります。

避難包發表評量表

	準備万端_{じゅんびばんたん}	日本語の発表_{にほんごはっぴょう}	勉強になった_{べんきょう}	総得点_{そうとくてん}
グループ 1	☆☆☆☆☆	☆☆☆☆☆	☆☆☆☆☆	
グループ 2	☆☆☆☆☆	☆☆☆☆☆	☆☆☆☆☆	
グループ 3	☆☆☆☆☆	☆☆☆☆☆	☆☆☆☆☆	
グループ 4	☆☆☆☆☆	☆☆☆☆☆	☆☆☆☆☆	

「ポートフォリオにいれよう」

自我評量：

1. 我能聽懂電視對颱風、地震等自然災害的播報並採取防災準備行動。

2. 發生特別事故時，我能聽懂交通運輸的廣播及搜尋避難相關資訊。

3. 我理解、學習對不同文化的受災害者表達關切的方法。

課本 MP3 錄製的內容

Unit 1 日本を訪問する準備

Unit 2 ノンバーバル

Unit 3 日本人中高生の家庭生活

Unit 4 学校行事

Unit 5 文化と風土

Unit 6 外出

Unit 7 アクシデント

Unit 8 自然災害

Unit 1　日本を訪問する準備

「聞いてみよう」

1.　詢問禮物資訊

A：台湾人　B：日本人教師

A：今度日本へ行くときに、台湾のお土産を持って行きたいんです。日本人はどんな台湾のお土産が好きですか？

B：うーん。パイナップルケーキやドライマンゴーは人気があるよ。

A：へー、そうなんですね。「肉乾」やバナナはどうですか？

B：残念だけど、肉製品や生の果物を日本へ持って行くことはできないんだよ。

A：そうですか。分かりました。

B：鍾さんが好きなお菓子をあげるのはどう？

A：私の好きなお菓子ですか？

B：ええ、台湾の人が普段、どんなものを食べているか紹介すると、友達も喜ぶと思うよ。

A：はい、分かりました。ありがとうございます。

2.　學做珍珠奶茶

（ＳＮＳで日本の友達と話している）

A：日本人　B：台湾人

A：見て、2時間も並んだんだ。日本ではタピオカドリンクが大人気なんだよ。

B：えー？2時間も？

A：おいしかったよ。

B：3月に留学で日本へ行くから、今度作ってあげるよ。

A：タピオカって作れるの？作ったことある？

B：ないけど、鍋に入れるだけでしょ？

A：そうなの？

B：じゃあ、練習してみるよ。

A：楽しみにしてるね。

3. 赴日準備

A：日本人教師　B：台湾人

A：鍾さん、日本へ行く準備はできた？

B：はい。だいたいできました。この前はお土産のアドバイス、ありがとうございました。

A：いえいえ。

B：後はお金の両替だけです。日本円がどれくらい必要か母が聞いていました。

A：うーん、難しいね。どのくらい買い物をするかで決めたら
　　どうかな。念のため、クレジットカードを持って行くと便
　　利だよ。それに、台湾元やアメリカドルがあれば、日本で
　　も両替ができるよ。

B：そうですか、分かりました。ありがとうございます。

4. 赴日前聯絡友人

　　（LINE で日本の友達に連絡する）

A：台湾人　B：日本人

A：はなちゃん、元気ー？実は今度、サマーキャンプで福岡へ
　　行くんだ。

B：えー！本当！？いつー？

A：8 月 1 日から 10 日まで。

B：そうなんだ！福岡なら電車ですぐだから会えるよ。

A：じゃあさ、9 日は自由行動だから、その日に会えないか
　　な？

B：うん、いいよ。廖さんの行きたいところに行こう。

A：じゃあ、ちょっと調べてから、また連絡するね。

「語句と表現」

〔聞いてみよう〕

ドライマンゴー・肉製品・生・普段・喜ぶ・並ぶ・準備・クレジットカード・台湾元・ドル・両替・サマーキャンプ・自由行動

〔やってみよう〕

デザインがいい・ヘルシーだ・色が鮮やかだ・柄が特別だ・使いやすい・ランキング・ベスト 5・第 1 位・宿泊先・都合がいい・夕方・空いている・ハンカチ・タオル・贈る・お葬式・涙を拭く・時計・縁起が悪い・傘・別れる・スカーフ・結婚・お祝い・ライター・火事・連想する

「やってみよう」

活動一：「最強禮物排行榜」

人気のある理由：

デザインがいいから、新しい商品、ヘルシー、色が鮮やか、柄が特別、新鮮、有名

台湾のよりおいしい、安い、使いやすい、台湾にない、かっこいい、かわいい

発表例：

　私たちは日本人に人気のあるお土産ランキングを調べました。ホームページによって、情報がちょっと違いますが、私たちの意見で整理しました。では、ベスト　5　を発表します。

活動二：「寫信給日本朋友告知赴日」

例

To	japanf@email.com
From	abc@email.com
件名	佳恩です。日本へ行きます。

恵美ちゃん

こんにちは。士林高校の林佳恩です。お元気ですか？

4月20日から4月　２５日まで家族で東京へ行きます。
ＡＢＣ ホテルに泊まります。

ぜひ恵美ちゃんに会いたいです。都合がいい日はありますか？

お返事、待っています。

林佳恩

回信：

例

To	abc@email.com
From	japanf@email.com
件名<ruby>けんめい</ruby>	Re: 佳恩です。日本<ruby>にほん</ruby>へ行<ruby>い</ruby>きます。

佳恩ちゃん

お久<ruby>ひさ</ruby>しぶりです。

メール、ありがとうございます。

私<ruby>わたし</ruby>もぜひお会<ruby>あ</ruby>いしたいです。

4月<ruby>しがつ</ruby>22日<ruby>にじゅうににち</ruby>の夕方<ruby>ゆうがた</ruby>から空<ruby>あ</ruby>いています。佳恩ちゃんはどうですか。

よければ、ホテルまで迎<ruby>むか</ruby>えに行<ruby>い</ruby>きます。一緒<ruby>いっしょ</ruby>に夜<ruby>よる</ruby>ご飯<ruby>はん</ruby>を食<ruby>た</ruby>べましょう。

恵美<ruby>えみ</ruby>

活動三：「送禮須知」

・ハンカチやタオルを贈<ruby>おく</ruby>ってはいけません。どうしてでしょうか。

　→ お葬式<ruby>そうしき</ruby>や別<ruby>わか</ruby>れの時<ruby>とき</ruby>、涙<ruby>なみだ</ruby>を拭<ruby>ふ</ruby>くものだからです。

・時計を贈ってはいけません。どうしてでしょうか。

→ 縁起が悪いからです。中国語では「送鐘」は「送終」と同じ発音で、死者を見送るという意味です。

・傘を贈ってはいけません。どうしてでしょうか。

→ 中国語では「傘」は「散」と同じ発音で、別れるという意味だからです。

・スカーフを贈ってはいけません。どうしてでしょうか。

発表例：

　皆さん、こんにちは。今日は贈ってはいけないプレゼントについて発表します。日本ではライターを贈ってはいけません。どうしてでしょうか。分かる人は手を挙げてください。

→ 火事を連想させるからです。

正解です。or 違います。

「読んでみよう」

日本へ行く前の気持ち

　来月の下旬に日本へ短期留学することになりました。今、とてもワクワクしています。でも、海外へ行くのは初めてなので、とても不安です。日本へ行く前に、いろいろ調べなければいけないし、荷物の準備もしなければいけません。

まず、日本人の友達の幸ちゃんにメールをします。ホームステイ先の住所と電話番号を伝えたほうがいいと思います。

それから、ホストファミリーのお父さんとお母さんにあげるお土産を買います。何か台湾のおいしいものを贈りたいです。

そして、ホームステイ先の周りの環境を知りたいです。学校までの距離を知っていると、安心だからです。

それに、もっともっと日本語を勉強しなければいけません。だから、もう一度復習しておきます。日本人の家に行ったらどう挨拶するかなど、日本の習慣も知っておいた方がいいと思います。失礼になってはいけませんから。でも、前にスカイプで、ホストファミリーのお父さんとお母さんに会ったとき、「日本語のことは心配しなくてもいいよ。」とやさしく言ってくれたから、安心しました。

クラスメートたちはみんな羨ましいと言っています。やはり、日本に行ける私は幸せです。そして、いろいろ準備してくれる両親に感謝しています。心配をかけないようにしたいです。

単語：短期留学（短期留學）／ワクワクする（心動）／距離（距離）／安心（安心）／失礼（失禮）／幸せ（幸福）／心配をかける（使別人擔心）

Unit 2　ノンバーバル

「聞いてみよう」

1. 盛裝的顏色

   Ａ：台湾人高校生　Ｂ：日本人大学生

   （2人は一緒にファッション雑誌を見ている）

   Ａ：この黒い服、きれいだね。

   Ｂ：本当、すてきなワンピース。結婚式に招待されたら、こんなの着ていきたいなあ。

   Ａ：結婚式？結婚式で黒い服を着るの？

   Ｂ：え、台湾ではだめなの？

   Ａ：台湾ではたぶん、明るい色のほうがいいと思うけど……。赤とか、ピンクとか。

   Ｂ：そういう色を選ぶ人もいるけど、日本では結婚式に黒っぽい服を着ていく人もいるよ。

   Ａ：へー、知らなかったなあ。

   Ｂ：でも、高校生なら、正式な場も制服でいいんだよ。

   Ａ：へー、そうなんだ。

2. 日語溝通訣竅

   Ａ：日本人　Ｂ：台湾人

A：昨日さ、ちょっとおもしろいことがあったんだ。

B：なになに？

A：台湾の友達とご飯を食べたんだけど……。

B：どこで食べたの？

A：駅の近くの夜市。そのとき友達が「僕の臭豆腐、半分食べてみる？」って聞いてきたんだ。それで、「それは、ちょっと……」って言ったら、僕に小さい臭豆腐をくれたんだ。

B：あれ、でもたかし君って、臭豆腐、嫌いだったよね！？食べたの？

A：そう、嫌いだから「ちょっと……」って言ったのに、友達は「ちょっとだけ食べたい」って誤解したみたい。

B：そっか、「それは、ちょっと……」は、「要らない」の意味なんだね。

3. 筷子禮儀

A：台湾人　B：日本人

A：あっ、取れない！下のお肉とって？

B：えっ！ダメだよ！

A：どうして？

B：2人で一つのものを掴むのは縁起が悪いんだよ。台湾では気にしないの？

Ａ：台湾では特に問題ないけど……。

Ｂ：そうなんだ。

4. 招手示意

Ａ：日本人　Ｂ：台湾人

（Ａが走ってきた）

Ａ：すみませーん！お待たせしました！

Ｂ：あー、来た来た。道に迷ってたんですか？

Ａ：いいえ、あの、バスになかなか乗れなくて……。

Ｂ：バスが来なかったんですか？

Ａ：バスは来たんですが、バス停で停まってくれなくて……。大声で「おーい！」って言ったら、やっと停まってくれました。

Ｂ：ああ、台湾ではね、手を挙げて、運転手とアイコンタクトしなければ、バスは停まってくれないんですよ。

Ａ：えー、そうだったんですか。初めて聞きました。

「語句と表現」

〔聞いてみよう〕

ワンピース・結婚式に招待される・黒い・黒っぽい・赤・ピンク・

明るい色・選ぶ・正式な場・制服・ちょっと・誤解する・お箸・
掴む・気にしない・お待たせしました・道に迷う・手を挙げる・
なかなか・停まる・大声・やっと・アイコンタクト

〔やってみよう〕

ジェスチャー・通してください

「やってみよう」

活動一：「肢體數字比賽」

・日本では 1 から 10 までのジェスチャーをどう表しますか。

活動二：「台日手勢大不同」

・OK です。

・はい。どうぞ。

・いただきます。

　→ ごちそうさまでした。

・すみません、通してください。

・いえいえ。

・分かりました。

「読んでみよう」

ノンバーバルコミュニケーション（non-verbal communication）の
大切さ

　世界中の人々は、言語と非言語を使ってコミュニケーションをとっています。その中で、非言語のノンバーバルの方は言語以上の役割をしています。ですから、外国へ行って言葉が分からなくても、ノンバーバルコミュニケーションで気持ちを伝え合うことができます。

　ノンバーバルコミュニケーションでは、例えば、笑顔などの表情、態度、視線、身振り手振りなどで気持ちを伝えます。また、声を大きく、はっきり発音することもいいことです。さらに、場面に合った服装も大切です。

　しかし、身振り手振りなどのジェスチャーは世界共通ではありません。文化によって違うので、それを学ぶのはとても面白いです。例えば、多くの地域では左手で握手をしてはいけません。

　これから、ロボットが人間に代わって、外国語のコミュニケーションをしてくれる時代が来ます。しかし、笑顔、友好的な態度、視線のコミュニケーションなどはやはり、人間でなければできません。ノンバーバルコミュニケーションは人間だからこそできる素敵な魔法です。

単語：ノンバーバル（non-verbal、肢體語言）／コミュニケーシ
ョン（communication、溝通）／大切さ（重要性）／言語
（verbal、語言）／非言語（non-verbal、非語言）／役割（功
用）／伝え合う（互相傳達）／笑顔（笑臉）／表情（表
情）／態度（態度）／視線（視線）／身振り手振り（比手
畫腳）／伝える（傳達）／声を大きく、はっきり発音する
（提高聲量，清楚發音）／場面にあった服装（適合場面的
服裝）／世界共通（世界共通）／地域（地區）／人間（人
類）／代わって（代替）／友好的（友善的）／魔法（魔
法）

Unit 3　日本人中高生の家庭生活

「聞いてみよう」

1. 到了接待家庭

（ホストファミリーの家の玄関でまだ会ったことのない家族が出迎える）

A：日本人（母）　　B：台湾人

（ドアの開く音）

A：ようこそ！恵美の母です。

B：初めまして。台湾から来た林欣華です。よろしくお願いします。

A：疲れたでしょう？どうぞ遠慮しないで、家に上がって。

B：ありがとうございます。お邪魔します。

2. 吃飯了

（食事の準備中にお手伝いを申し出る）

A：台湾人　B：日本人（母）

A：何かお手伝いします。

B：そう？ありがとう。じゃあ、そのお皿をテーブルに並べてくれる？

A：はい。この白いお皿ですか？

Ｂ：そうそう。ありがとう。

Ａ：わー、おいしそう。

Ｂ：じゃ、いただきましょう。

（家族のみんな）：いただきます。

Ｂ：生のものは大丈夫？

Ａ：すみません。ちょっと苦手です。

Ｂ：じゃ、ほかのものをたくさん食べてね。

Ａ：はい、ありがとうございます。

3. 使用浴室

（ホームステイの初日　お風呂場で）

Ａ：日本人（母）　Ｂ：台湾人

Ａ：ここで服を脱いで、洗濯物はかごに入れてね。タオルはここです。

Ｂ：湯舟に浸かってもいいですか。

Ａ：もちろん。

Ｂ：すみません。ドライヤーを使いたいんですが……。

Ａ：あ、ドライヤーはここの引き出しにあるよ。ここにあるものも自由に使ってね。

Ｂ：はい。ありがとうございます。

A：どうぞごゆっくり。

4.　市民中心怎麼去

　　A：台湾人　B：日本人（父）

　　A：明日、市民センターに行きたいんですが、どう行けばいいですか。

　　B：あー、市民センターか。まず、家の近くのバス停から２０番のバスに乗って、「中山8丁目」っていうバス停で降りると、すぐだよ。

　　A：ありがとうございます。20番ですね。えーと、降りるのは何というバス停でしたか？

　　B：「中山8丁目」だよ。紙に書こうか。

　　A：お願いします。

　　B：もし道に迷ったら連絡してね。

「語句と表現」

〔聞いてみよう〕

遠慮しないで・お邪魔します・お皿をテーブルに並べる・服を脱ぐ・洗濯物・かごに入れる・湯舟に浸かる・ドライヤー・引き出し・自由に使う・ごゆっくり・市民センター・バスに乗る・バス停で降りる・紙に書こう

〔やってみよう〕

肉じゃが・サラダ・卵焼き・カレー・焼き魚・麦茶・辛いもの・
アレルギー・まっすぐ行く・１つ目・角・右に曲がる・銀行・信
号・本屋・パン屋・花屋・地下鉄・電車・もう一度お願いします・
ショッピングセンター

「やってみよう」

活動一：「餐桌上的對話」

- 「台湾ではさしみを食べますか。」（味噌汁／肉じゃが／サラ
  ダ／卵焼き／カレー／焼き魚／チャーハン／辛いもの）

  →「はい、食べます。」or「いいえ、食べません。」

- 「台湾では麦茶を飲みますか。」（冷たい水／コーヒー／紅
  茶）

  →「はい、飲みます。」or「いいえ、飲みません。」

- 「さしみはどうですか。」

  →「好きです」、「大好きです」、「食べません」、「食べら
  れません」、「ちょっと苦手です」、「大丈夫です」。

  →「家でもよく食べます」、「台湾にもあります」、「食べた
  ことがありません」、「ちょっと苦いから苦手です」、「ア
  レルギーなので食べられません」、「家では食べません」、
  「食べる習慣がありません」。

例1

A：辛いものはどうですか。

B：大丈夫です。家でもよく食べます。

例2

A：サラダはどうですか。

B：食べる習慣がないから、ちょっと苦手です。

例3

A：さしみはどうですか。

B：食べたことがありませんが、少し食べてみます。

活動二：「問路」

例1

A：すみません、市民センターへ行きたいんですが……。

B：市民センターですか。

・まっすぐ行って下さい。

・初めの角を右に曲がってください。（1つ目の、2つ目の／左）

・バス停があります。（公園、駅、学校、銀行、信号、コンビニ、本屋、パン屋、花屋）

・歩いて 3 分です。

・バスに乗ってください。（地下鉄、電車、ＭＲＴ）

・新宿駅で降ります。

・「中山 8 丁目」で降りるとすぐです。

（聽不懂時）

・「市民センター？」、「中山 8 丁目？」、「ＭＲＴ？」

・「市民センターって？」

・「もう一度お願いします。」、「ゆっくりお願いします。」、
　「書いてもらえますか。」

例2

Ａ：すみません、ショッピングセンターへ行きたいんですが……。

Ｂ：えーと、そこの角を右に曲がって、2 つ目の信号のところに
　　公園があります。

Ａ：あのう、右に曲がって……すみません、もう一度お願いしま
　　す。

Ｂ：右に曲がって、2 つ目の信号のところに、公園があります。

Ａ：はい。

Ｂ：その公園の前です。

Ａ：はい、分かりました。ありがとうございます。

「読んでみよう」

僕の留学生活

　約 1 年間の日本留学から帰ってきて、もうすぐ 1 ヶ月になります。

　去年の 8 月、生まれて初めて飛行機に乗って、日本へ行きました。東京はとても暑くて、台湾と同じだと思いました。9 月から、長野県の高校に通いました。最初は先生の話す日本語があまり理解できなくて、授業のときとても緊張していました。休み時間も、クラスメートと何を話したらいいか分かりませんでした。でもそんなとき、いつも誰かが「この学校に慣れた？」とか「台湾にもこのゲーム、ある？」などと話しかけてくれました。おかげで、みんなとすぐ仲良くなれて、うれしかったです。

　僕の通っていた高校は、山の中にあって、とても自然がきれいなところでした。しかし、冬になると、寒くて、台湾に帰りたくなりました。寒かったけど、雪景色はとてもきれいでした。冬の一番の思い出は友達とスキーに行ったことです。スキー場はとても広くて、にぎやかでした。友達はみんな、スキーが上手でした。ある友達が、「長野の人は、みんな子どものときからスキーをやっているよ」と言っていました。僕は最初、ちょっと怖くて、ゆっくり滑っていましたが、慣れてくると、だんだん楽しくなってきました。

学校でも、学校以外でも、僕はできるだけ友達と一緒に行動しました。半年ぐらい経ったころから、日本語もたくさん聞き取れるようになってきました。上手に話すことはまだ難しいですが、僕が日本語で冗談を言うと、みんな笑ってくれました。

充実した留学生活は、たくさんの友達に囲まれた毎日でした。

単語：日本留学（留學日本）／生まれて初めて（生平第一次）／飛行機（飛機）／高校に通う（到高中上學）／理解する（理解）／緊張する（緊張）／慣れる（習慣）／雪景色（雪景）／スキー（滑雪）／滑る（滑）／行動する（行動）／経つ（經過）／聞き取れる（聽懂）／冗談（開玩笑）／充実する（充實）／囲まれる（被包圍）

Unit 4　学校行事（がっこうぎょうじ）

「聞（き）いてみよう」

1. 學攝影

　　（日本（にほん）に来（き）ている台湾人（たいわんじん）を案内（あんない）する）

　　Ａ：台湾人（たいわんじん）　Ｂ：日本人（にほんじん）

　　（カメラのシャッター音（おと））

　　Ａ：伊藤（いとう）さんはいつもカメラを持（も）っていますね。写真（しゃしん）が好（す）きなんですか。

　　Ｂ：はい。私（わたし）、映像学科（えいぞうがっか）なんです。

　　Ａ：映像学科（えいぞうがっか）？

　　Ｂ：写真（しゃしん）や映画（えいが）のことを学（まな）ぶコースです。毎年（まいとし）、一年（いちねん）の最後（さいご）に作品展（さくひんてん）があるので、今年（ことし）は空（そら）の写真（しゃしん）にしようと思（おも）って。

　　Ａ：へー。すごい。

　　Ｂ：私（わたし）たちの学校（がっこう）には、他（ほか）にも美術（びじゅつ）や建築（けんちく）を学（まな）ぶコースがありますよ。

　　Ａ：いいなー。楽（たの）しそう！

2. 聊社團

　　Ａ：台湾人（たいわんじん）　Ｂ：日本人（にほんじん）

　　（日本人（にほんじん）があくびをする）

A：ともくん、眠そうだね。大丈夫？

B：うん。僕、吹奏楽部なんだけど、もうすぐコンクールだから、毎日朝練があるんだ。

A：「あされん」って何？

B：朝、授業が始まる前にする練習のことだよ。夜も8時くらいまで練習があるから、眠いんだ。

A：そっかー。頑張って。コンクールを見に行ってもいい？

B：もちろん。時間と場所、また連絡するね。

3. 聊學校活動

A：台湾人　B：日本人

A：学校の行事で一番楽しみなのって、何？

B：うーん、そうだな……、やっぱり、文化祭かな。みんなで演劇やダンスを披露したり、クラスでたこ焼きの店を出したりするんだ。

A：わー、おもしろそう。じゃあ、あんまり好きじゃない学校行事って、ある？

B：好きじゃない行事？それはもちろん、マラソン大会だよ。

A：マラソン大会？そんなのあるんだ。

B：そう。1月に10キロ走らなきゃいけないから、とっても苦しいんだ。

A：冬なのに外で走るの？寒そう……。私、１０キロ走ったことなんて、ないなあ。

4. 手工御守

A：台湾人　B：日本人

A：わー、かわいい！これ、「お守り」でしょ？

B：うん、そう。よく知ってるね。

A：日本の神社によくあるよね。これは、どこで買ったの？

B：これは買ったんじゃなくて、部活の後輩が作ってくれたんだ。

A：手作り！？すごく上手！

B：そうでしょ。夏に試合があったんだけど、その時に後輩たちが、私たちレギュラーメンバーにプレゼントしてくれたの。

A：へー、先輩を応援する気持ちが込められているんだね。台湾にはないなあ。

B：中には手紙も入ってたんだよ。絶対優勝してくださいって。

「語句と表現」

〔聞いてみよう〕

カメラ・映像学科・作品展・空・美術・建築・眠そうだ・吹奏楽部・コンクール・文化祭・演劇・披露する・たこ焼きの店を出す・おもしろそう・マラソン大会・走らなきゃいけない・苦しい・お守り・夏・レギュラー・プレゼントしてくれる・応援する・気持ちが込められている・絶対・優勝する

〔やってみよう〕

夕日が沈む・癒される・フォークダンス・輪になる・恥ずかしい・悩み・眠れない・ドッジボール

「やってみよう」

活動一：「國高中生攝影比賽」

例1

A：私はこの写真を選びました。

B：①どうしてこの写真を選びましたか。

A：きれいだからです。（絵みたいだからです。）

B：②この写真を撮った人はどんな人だと思いますか。

A：北海道の人だと思います。（野球選手だと思います。）

B：③この写真が伝えたいことは何だと思いますか。

A：自分の町の魅力だと思います。（動物の面白さだと思います。）

・「キャンパス」、「空」、「新しい出会い」

例2

A：いつ撮りましたか。

B：先週の日曜日に撮りました。（夕方に撮りました。）

A：この写真のいいところはどこですか。

B：色がきれいなところです。（癒されるところです。）

A：どうしてこのテーマにしましたか。

B：夕日がきれいだったからです。（ここをみんなに紹介したいからです。／雰囲気が良かったからです。／なんとなくです。）

発表例：

これは放課後、5時ごろ撮った写真です。

ここはどこか、皆さんすぐ分かりますね。学校からの景色です。

ちょうど夕日が沈む瞬間です。

色がやさしくて、きれいです。

一日の勉強で疲れた時、癒されると思います。

皆さんはどう思いますか。

活動二：「台日運動會比一比」

台湾：田徑賽（陸上競技）・100 公尺（百メートル走）・接力賽
（リレー）・拔河（綱引き）・跳高（高飛び）・跳遠（は
ば跳び）・鉛球（砲丸投げ）

日本：「綱引き」・「リレー」・「玉入れ」・「障害物競走」・
「マスゲーム」・「応援団」・「二人三脚」・「棒倒し」・
「騎馬戦」

活動三：「解憂加油站」

・「悩んでいること」

例

「夜、なかなか眠れない」に対して、次のようなアドバイスを考
えました。

・いつも運動していますか。昼にたくさん運動するとよく眠れま
すよ。

・寝る前に温かいミルクを飲むのはどうですか。

・夜遅くまでゲームやインターネットをしていませんか。寝る前はテレビやパソコンを見ないほうがいいですよ。

・悩みがあるなら、1人で悩むのではなく、親友に話してみたらどうですか。

・何か悲しいことがありましたか。1人でいると、考えすぎてしまうので、人と話したり、好きなことをやってみたらどうですか。

私たちからのアドバイスは以上です。夜、眠れないのはとても大変だと思います。よかったら、してみてください。

活動四：「那一年的光輝往事」

例

A：いつの写真ですか。

B：小学生の時の写真です。（中学生）

A：何をしているところですか。

B：ドッジボールをしているところです。（野球の試合／演奏）

A：場所はどこですか。

B：学校のグラウンドです。（市民球場／コンクールの会場）

A：どうして一番印象的ですか。

B：みんなで一生懸命頑張ったからです。

（優勝したからです。／初めての舞台だったからです。／賞をもらったからです。）

発表例：

これは高校一年生の文化祭の時の写真です。

私たちはマンガクラブで店を出しました。

私たちが作ったキーホルダーがたくさん売れました。

みんながかわいいって言ってくれて、嬉しかったです。

「読んでみよう」

部活の発表会

　先週の土曜日に、私が所属している吹奏楽部の定期演奏会がありました。私は中学生のときからブラスバンドに入っていたので、演奏会は何回か経験があります。でも中学ではトランペットという楽器を担当していました。私は今回初めて、みんなの前でチューバを演奏しました。

　当日はたくさんのお客さんが聞きにきてくれました。その中に、クラスメートで、台湾からの交換留学生の林欣華さんもいました。演奏した曲の中に、リンちゃんが知っている曲もあったそうです。演奏会のあとで、リンちゃんがかわいい花束と、カードをくれました。カードには「部活と勉強の両立、がんばってね」

と書いてありました。とてもうれしかったです。

　部活の練習は月曜日から金曜日の放課後です。先輩と一緒に同じメロディーを何回も吹いたり、楽譜の読み方を教えてもらったりしています。演奏会の前には、他の楽器と一緒に、音を合わせて練習します。指揮者の先生の合図で演奏を始めて、みんなの音がきれいに重なったときは、とても感動します。週末もときどき部活があります。家に帰ったあと、とても疲れていて、宿題ができないこともあります。でも、私は音楽が大好きですし、みんなが頑張っている私を応援してくれるから、高校 3 年間、絶対に続けたいです。そして、いつも励ましてくれる人たちへの感謝をこめて、演奏したいです。

単語：吹奏楽部（管樂社）／ブラスバンド（管樂隊）／トランペット（小喇叭）／チューバ（低音號）／演奏する（演奏）／両立（兼顧）／メロディー（旋律）／楽譜（樂譜）／音を合わせる（合音）／音がきれいに重なる（音色和諧）／感動（感動）／励ましてくれる（鼓勵我）

Unit 5　文化と風土

「聞いてみよう」

1. 黄金週

A：日本人　B：台湾人

A：来月のゴールデンウィークに、家族で東北へ行くんだけど、イシンちゃんもどう？

B：本当！？旅行？何日くらい行くの？

A：4泊5日。

B：へー、行きたい。

A：じゃ、決まり。

B：そういえば、ゴールデンウィークって、何の休みなの。

A：4月29日は昭和の日、5月3日は憲法記念日、4日はみどりの日、それと……。

B：5月5日は子どもの日だよね。

A：あ、そうそう。毎年、休みの長さは違うんだけど、土曜日と日曜日を合わせると、1週間くらい学校や仕事が休みになるよ。

B：そうなんだ。東北旅行、楽しみだなあ。

2. 換季了

　A：日本人　B：台湾人

　A：あつーい。まだ5月だけど暑いね。衣替えはまだ先なのに。

　B：こども……？

　A：ころもがえ。季節に合わせて服を替えることだよ。日本では6月から夏の制服を着るの。

　B：なるほど。それを「衣替え」と言うんだね。

　A：台湾は？暑いからもう衣替えは終わってる？

　B：うん。台湾はその年の天気で、学校が決めるんだ。

3. 5月5日兒童節

　A：台湾人　B：日本人

　A：もしもし、ともちゃん？スーパーに粽を買いに来たんだけど、見つからなくて……。

　B：え？粽、ない？

　A：うん、探したんだけど見つからないんだ。

　B：細くて、長いのだよ。緑の葉っぱで巻いてあって……。

　A：え？細くて長い？

　B：和菓子のコーナー、見てみた？

A：え？なんで、和菓子？

B：日本の粽はお餅の中にあんこが入ってる甘い和菓子だよ。ちょっと待って、いま、写真送るから。

（LINE で写真が届く音）

A：えー！台湾の粽と全然違うんだね！おもしろい！ありがとう。もう一度探してみる。

4. 日本的七夕

A：台湾人　B：日本人

A：さやちゃん、あれ、なに？

B：ああ、七夕の笹だよ。今日は七夕だから、みんな願い事を書いて、笹に飾るんだ。台湾にも七夕ある？

A：あるけど、旧暦の 7 月 7 日だから、毎年同じ日じゃないんだ。それに、願い事は書かないよ。

B：へー、じゃあ、何するの？

A：昔は伝統的な行事もあったらしいけど、今は七夕は恋人の日だから、2 人で食事したり……。バレンタインデーみたいな感じ。

B：そうなんだ。あ、駅前の商店街にも笹があって、願い事を書いて飾ることができるよ。後で行ってみない？

A：うん、行きたい！！

「語句と表現」

〔聞いてみよう〕

ゴールデンウィーク・そういえば・憲法記念日・みどりの日・衣替え・季節に合わせる・服を替える・探す・葉っぱ・巻く・コーナー・あんこ・七夕の笹・願い事・飾る・恋人の日・バレンタインデー

〔やってみよう〕

手水鉢・神社にお参りする・裸足・靴を脱ぐ・勝手に触る・手土産・靴を揃える

「やってみよう」

活動一：「日本文化知多少」

「これは何ですか？」、「見たことがありますか？」、「どうやって使いますか？」

日本文化について調べよう

	名称	使い方	気付いたこと
(例)	「手水鉢」	神社やお寺にお参りする前に、手と口を洗うところ。	日本の神社で見たことがあります。

活動二：「拜訪的禮節」

(1) 11 時から 12 時の間や、17 時以降の訪問は避ける。

(2) 裸足で家に上がらない。

(3) 靴を脱いだら、揃える。

(4) かばんをテーブルの上に置かない。

(5) 勝手に物に触らない。

(6) 手土産を持っていく。

どうしてでしょうか。考えてください。

活動三：「日本台灣祭典大調査」

場所、開催時期、お祭りの由来や特色を調べて、発表しよう。

質問例：

・一番興味を持ったお祭りはどれですか。どうしてですか。

〔日本のお祭りの例〕

(1) 宮城県「仙台七夕祭り」

(2) 大阪府「天神祭」

(3) 長崎県「長崎くんち」

(4) 秋田県「秋田竿灯祭り」

(5) 沖縄県「エイサー祭り」

(6) 京都府「祇園祭り」

(7) 徳島県「阿波おどり」

(8) 青森県「ねぶた祭」

(9) 福岡県「博多祇園山笠」

(10) 東京都「神田祭」

日本の発表例：

　　大阪の「天神祭」を紹介します。「天神祭」は日本三大祭の一つです。

　　大阪天満宮で、毎年 7 月 24 日と 25 日に行われます。

　　25 日には「船渡御」といって、天満宮の近くの大川で 100 以上の船が神様と一緒に川を渡ります。

　　そして、夜には花火もあります。毎年 3 000 ～ 5000 発の花火が上がります。すごいですね。屋台もたくさんあって、とても楽しそうです。

　　それから、お祭りの前日の 23 日の「ギャル神輿」も有名です。若い女の人たちだけでお神輿を担ぎます。とてもかっこいいです。

台湾の発表例：

　皆さん、こんにちは。これから台湾の媽祖のお祭りについて紹介します。

　台湾には「媽祖」の廟がたくさんあります。毎年旧暦の 3 月、媽祖の誕生日のころに台湾のいろいろなところで媽祖巡行が行われます。一番有名なのは大甲のお祭りです。これは「媽祖繞境」といって、お神輿と一緒に街の中を何日も歩くお祭りです。長いときは一週間くらいかけてお寺から別の街のお寺まで歩きます。爆竹や音楽、ダンスなどもあって、とてもにぎやかです。いろいろな地方の食べ物も食べられます。疲れたら休んでもいいです。途中から参加したり、帰ったりすることもできます。媽祖巡行は世界でも珍しい行事です。

「読んでみよう」

紅葉狩り

　日本に留学していたとき、いろいろなところへ出かけました。ホームステイの家族も、僕にとても親切で、ときどき週末に郊外へ連れて行ってくれました。

　ある日、ホストファミリーのお母さんが、「紅葉狩りに行こう」と誘ってくれました。僕は、紅葉を採って、家に持って帰るのかな？と思いました。善光寺という有名なお寺に行って、お参りをしたり、きれいな景色のところで写真を撮ったりしました。

おいしいお蕎麦を食べたあと、車で山をドライブしているとき、僕はお母さんに「紅葉はどこで採りますか？」と聞きました。すると、お母さんは笑って、「紅葉は採らないよ」と言いました。そして、「じゃあ、紅葉狩りはいつしますか？」と聞き返すと、お母さんは「紅葉狩り？今、しているじゃない」と答えました。紅葉狩りというのは、紅葉している景色を見て楽しむことだそうです。「日本語は難しいなぁ」と思いました。

　またお母さんは、日本人は紅葉が大好きだということも、教えてくれました。例えば、広島には「もみじまんじゅう」という和菓子があるそうです。そして、大阪には紅葉の葉を天ぷらにして食べられる「紅葉の天ぷら」で有名な公園があるそうです。

　それから、紅葉は赤く紅葉したものだけじゃなくて、紅葉する前の緑色の紅葉も、日本人は好きだそうです。それらは「青紅葉」といって、夏に涼しさを味わいたいときに見るそうです。

単語：紅葉狩り（賞楓）／郊外へ連れて行ってくれる（帯我去郊外）／誘ってくれる（邀我）／採る（採）／お蕎麦（蕎麥麵）／聞き返す（反問）／青紅葉（緑楓葉）／涼しさ（涼）

Unit 6　外出（がいしゅつ）

「聞（き）いてみよう」

1.　我點餐

（レストランでメニューを見（み）ながら話（はな）し合（あ）う）

A：日本人（にほんじん）　B：台湾人（たいわんじん）

A：家豪くん、何（なに）にする？

B：うーん。どれもおいしそうで迷（まよ）うな。今日（きょう）は麺類（めんるい）が食（た）べたいなあ。何（なに）かおすすめはある？

A：ここはミートスパゲッティがおすすめだよ！

B：そうなんだ！じゃあ、ミートスパゲッティにしようかな。

A：プラス２００円（にひゃくえん）でセットにできるけど、どうする？

B：うーん。今日（きょう）は単品（たんぴん）にするよ。

2.　便利商店買餐點

（コンビニで）

A：店員（てんいん）　B：台湾人（たいわんじん）

A：いらっしゃいませ。（レジを通（とお）す音（おと））お弁当（べんとう）は温（あたた）めますか。

B：はい、お願（ねが）いします。

A：袋（ふくろ）は要（い）りますか。

Ｂ：はい、お願いします。
ねが

Ａ：お箸はお付けしますか？
はし つ

Ｂ：いいえ、けっこうです。

Ａ：かしこまりました。お会計は ８１０円になります。
かいけい はっぴゃくじゅう えん

3. 逛逛跳蚤市場

（フリーマーケットで）

Ａ：日本人　Ｂ：台湾人
にほんじん たいわんじん

Ａ：今度フリマに行かない？
こんど い

Ｂ：何それ？
なに

Ａ：私も友達に誘われたんだけど、フリマってフリーマーケッ
わたし ともだち さそ
　　トのことで、普通の店では売っていない、手作りのものや
ふつう みせ う てづく
　　古着を売ってるところだよ。
ふるぎ う

Ｂ：おもしろそう！行ってみたい。
い

＜当日＞
とうじつ

Ｂ：見て！このＴシャツすてきなデザイン！欲しいなあ。
み ティー ほ

Ａ：いいじゃん。値段も高くないね。
ねだん たか

Ｂ：うーん。でも、長袖はないかな？
ながそで

Ａ：あるかもよ。聞いてみたら？
き

4. 購物調貨

A：台湾人　B：店員

A：すみません、この服のＭサイズはありますか？

B：申し訳ありません、Ｍサイズは売り切れてしまいました。
色違いでこちらの商品がありますが、いかがですか？

A：うーん。この色はちょっと……。

B：よろしければ、お取り寄せもできますが、どうなさいます
か？

A：どのぐらいかかりますか。

B：一週間ぐらいですね。

A：じゃあ、お願いします。

B：では、届いたら、お電話いたします。

「語句と表現」

〔聞いてみよう〕

ミートスパゲッティ・要る・友達に誘われる・フリーマーケット・
古着・Ｔシャツ・長袖・サイズ・売り切れる・色違い・取り寄せ
る・届く

〔やってみよう〕

サイト・値段が高い・無料で配送する・評判がいい・インフォメーション・注文・春菊・葱・キュウリ・ゴーヤ・セロリ・モロヘイヤ・パクチー・ボーダー・おそろい

「やってみよう」

活動一：「網購高手」

支払い方法（付款方式）：現金（現金）／クレジットカード（信用卡）／代金引換（取貨付款）／プリペイドカード（預付卡）

発表例：

　私たちは台湾、日本、アメリカのサイトを見ました。たくさん比べた結果、日本のものにしました。これを選んだ理由は値段が高くないからです。それに無料で配送してくれます。品質はまあまあですが、なかなか評判がいいです。この靴は台湾ではまだ売っていないので、これにしました。

活動二：「外出情境劇」

「どこへ買い物に行くか話し合う」、「インフォメーションで聞く」、「売り場で買い物する」、「レストランで注文する」

場景１：與朋友商量（友達と話し合う）

A：どこ行く？

B：ＵＳＢを買いたいから、電気屋へ行きたいな。

A：いいよ！

場景２：在服務台詢問（インフォメーションで聞く）

A：すみません、ＵＳＢはどこですか？

B：２階のパソコン売り場にございます。

A：ありがとうございます。

場景３：在賣場買東西（売り場で買い物する）

A：すみません、８ＧＢのＵＳＢメモリはありますか？

B：こちらです。

A：赤のをください。

B：かしこまりました。

場景４：在餐廳點餐（レストランで注文する）

A：ご注文はお決まりですか？

B：ハンバーガーとコーラをください。

A：ハンバーガーお一つと、コーラお一つですね？

Ｂ：はい。

Ａ：かしこまりました。少々お待ちください。

活動三：「飲食好惡」

台灣：1. 香菜（パクチー）　2. 蔥（ねぎ）　3. 小黃瓜（キュウリ）

　　　4. 茄子（なす）　5. 番茄（トマト）

日本：1. ゴーヤ　2. セロリ　3. モロヘイヤ　4. 春菊

　　　5. ブロッコリー

・「好きな食べ物は何ですか。」、「苦手な食べ物は何ですか。」

・「どうしてですか。」

・「李君の好きな食べ物は何ですか。苦手な食べ物は何ですか。」

活動四：「最佳廣告」

・どこで買いましたか。

・値段はどうでしたか。

・色、柄、大きさ、使いやすさはどうですか。

発表例：

（青と緑と赤のボーダーのポーチ）

　これは永康街で買いました。

　台湾のおばあちゃんが買い物に行く時の鞄と同じ柄ですが、日本人の友達がかわいいと言っていたので、おそろいで買いました。３９０元でした。最初はあまり可愛くないと思いましたが、持っているうちに好きになりました。

「読んでみよう」

インターネットショッピング

　生命保険文化センターの２０１６年の調査では、日本の高校生の３人に１人がインターネットで商品を「よく買う」または「ときどき買う」と答えました。高校１年生と２年生では洋服や靴を買う人が一番多く、３年生は本を買うと答えた人が一番多かったそうです。その他にはＤＶＤやＣＤ、雑貨という答えもありました。

　インターネットで商品を買うとき、コンビニでお金を支払う人が一番多く、次に代金引換、プリペイドカードという答えが続いていました。代金引換とは商品が届いたときにお金を払う方法で、プリペイドカードは先にカードにお金を入れておいて、買い物をするときに使います。

　商品は家まで届けてもらうことも、コンビニで受け取ることもできます。台湾も同じです。私は、台湾にいた時も、よくインターネットショッピングをしました。

今日の放課後、友達にインターネットで一緒に服を買おうと誘われました。サイトには雑誌に載っていた可愛い商品がたくさんありました。ネットで買ったほうが安いし、便利だから、一緒におそろいのを買おうと友達が言ってくれました。

　しかし、友達はアルバイトで貯めたお金で買うからいいのですが、私はアルバイトをしていないし、先月素敵な文房具をたくさん買ったから、やはり節約したほうがいいと思って、諦めました。

単語：インターネットショッピング（網購）／雑貨（雑貨）／代金引換（貨到付款）／プリペイドカード（預付卡）／文房具（文具）／節約する（節約）

Unit 7　アクシデント

「聞^きいてみよう」

1. 緊急状況發生

（事故^{じこ}で電車^{でんしゃ}が出発^{しゅっぱつ}できない状況^{じょうきょう}で、アナウンスが聞^きき取^とれず、隣^{となり}の人^{ひと}に聞^きく）

（電車内^{でんしゃない}での会話^{かいわ}）

A：台湾人^{たいわんじん}　B：日本人^{にほんじん}

アナウンス：大阪駅^{おおさかえき}で線路内^{せんろない}に人^{ひと}が入^{はい}ったため、電車^{でんしゃ}が緊急^{きんきゅう}停止^{ていし}いたしました。ただいま、安全^{あんぜん}の確認^{かくにん}を行^{おこな}っております。そのため、大阪方面^{おおさかほうめん}、天王寺方^{てんのうじほう}面^{めん}ともに運転^{うんてん}を見合^{みあ}わせております。お客様^{きゃくさま}には大変^{たいへん}ご迷惑^{めいわく}をおかけいたしますが、運転再開^{うんてんさいかい}まで今^{いま}しばらくお待^まちください。

A：あのー、すみません。何^{なに}があったんですか。

B：ああ、大阪駅^{おおさかえき}で事故^{じこ}があったみたいで、安全^{あんぜん}のため、止^とまってるんですって。

A：事故^{じこ}？いつ動^{うご}きますか？

B：うーん、それはちょっと分^わかりませんね……。

A：そうですか。分^わかりました。すみません。ありがとうございます。

2. 遅到連絡

（授業に遅れることを LINE または電話で友達に伝える）

A：台湾人　B：日本人

A：もしもし、ゆかちゃん、事故で電車が止まってて、授業に遅れそう。

B：事故！？大丈夫？

A：うん、大丈夫。私が乗ってる電車じゃなくて、前の電車で事故があったみたい。でも、電車が止まっちゃって、動かないんだ。

B：そうなんだ。

A：先生に遅刻するって伝えてもらえるかな？

B：うん、いいよ。あ、駅で遅延証明書をもらえるから、それを出せば遅刻にならないよ。

A：遅延証明書？

B：「電車が遅れました」っていう証明書。駅員さんが配ってると思うけど、なかったら駅の窓口で聞いてみて。あと、インターネットでもダウンロードできるよ。

A：分かった。教えてくれてありがとう。

3. 尋找失物

（家で）

A：日本人　B：台湾人

A：どうしたの？

B：パスケースを落としちゃったみたい。今日帰る時はあった
のに。

A：鉄道会社のホームページから、忘れ物センターに連絡した
方がいいよ。明日、駅でも、聞いてみようか。

B：うん。

（駅で）

B：すみません。昨日パスケースを無くしちゃったんですが、
届いてませんか？

駅員：インターネットで登録しましたか。

B：はい、登録しました。

駅員：少々お待ちください。どんな色ですか？

B：黄色で、猫の絵が付いているパスケースです。

駅員：はい、届いていますよ。ＩＣカードにいくらぐらい入
ってたか覚えてますか？

B：2000円ぐらいだと思います。

駅員：よかったですね。そのままですよ。

B：ありがとうございます。

4. 夜行安全

（夜道の1人歩き）

A：日本人（母）　　B：台湾人

A：明日の夕方は友達の家に行くって言ってたよね？

B：はい、みんなで手巻き寿司を作ります。ですから、夕飯は要りません。

A：楽しそうね。帰りは何時頃になりそう？

B：8時を過ぎると思います。

A：最近、この辺りでひったくりや痴漢が出るらしいの。夜1人で帰ってくるのは危ないから駅まで車で迎えに行くね。電車に乗る時、連絡してくれる？

B：分かりました。ありがとうございます。じゃ、お願いします。

「語句と表現」

〔聞いてみよう〕

線路内・緊急停止する・安全・確認する・運転再開する・しばらく・事故・動く・授業に遅れる・遅刻する・遅延証明書・鉄道会社・忘れ物センター・登録する・パスケース・ＩＣカード・手巻き寿司・夕飯・楽しそうだ・ひったくり・痴漢

〔やってみよう〕

防犯ホイッスル・防犯ブザー・反射板キーホルダー・スリ防止チェーン・自転車のワイヤーロック・車両・通学する・ぶつかりそうになる・聞こえる・自転車に気をつける・爆弾・窓口・ぶつかる・怪我・変な人・付きまとわれる

「やってみよう」

活動一：「防身用品」

どんなものですか。

- 防犯ホイッスル
- 防犯ブザー
- 反射板キーホルダー
- スリ防止チェーン
- 自転車のワイヤーロック

「防犯ホイッスルはどんな時に使いますか」。

活動二：「防身知識知多少」

防身意識大調査

状況	判断
例：歩きながら携帯で電話をしたり、LINE やメールをしたりする。	×
1. かばんに名前が分かるものをつける。	
2. 夜、窓を開けて寝る。	
3. 毎日同じ時間の電車の同じ車両に乗って通学する。	
4. 防犯ブザーを見えるところにつける。	
5. インターネットで友達になった人に「会いたいから住所を教えて」と言われて、住所を教える。	
6. 夜遅くに家に帰るときは、早く帰りたいので、暗くても近い道を選ぶ。	
7. 「急にお腹が痛くなったので、一緒に車に乗って、近くの病院まで案内してほしい」と言われたので、車に乗って病院まで案内する。	
8. 駅で忘れ物の紙袋を見つけたので、開けて何が入っているかを見て、自分で窓口まで持っていく。	
9. 車いすの人にトイレまで押してほしいと頼まれたので、トイレの中まで押していってあげる。	

例「×」の理由：周囲の状況に注意していなくて、危ないからです。

対策：携帯を使うときは、安全なところで止まって使いましょう。

（シナリオ脚本）

(1) 歩きながら携帯で電話をしたり、LINE やメールをしたりする例。

歩きながら携帯で電話をしている女の子。

後ろから自転車が来て、ぶつかりそうになる。

注意をするクラスメート「危ない！歩きながら携帯で電話をしていると、事故にあうよ！！音楽を聴くのもだめ！バイクや車、自転車の音が聞こえないでしょ。歩くときはバイクや車、自転車に気をつけてね！」

(2) 駅でホームの椅子の下にある不審な紙袋に気づく 3 人。

A：「あれ、何だろ。忘れ物かな？何が入ってるか、開けて見てみよう。」

B：「だめだよ。もし、爆弾や危険なものが入っていたら、危ないよ。」

C：「じゃあ、窓口まで持って行こう。」

B：「だめだめ。自分で持っていくのも危ないよ。駅員さんや警察にすぐに通報しよう。」

（窓口まで行く）

B：「すみません、ホームの椅子の下に紙袋があるんですけ

ど……。誰かの忘れ物かもしれません。」

係員：「そう。教えてくれてありがとう。」

活動三：「困境逃脱」

1.「家へ帰る途中、スマホがなくなったと気付いた。」への対処方法。

2.「学校のグラウンドでボールに当たって怪我をした。」への対処方法。

3.「自転車で人とぶつかった。」への対処方法。

4.「町で変な人に付きまとわれた。」への対処方法。

「読んでみよう」

安全第一

　留学でも旅行でも、一番大事なのは何といっても安全です。日本に行くと、楽しいことがたくさんあって、つい油断してしまうかもしれません。やはり外国ですから、いつも周りをよく観察して、安全に過ごさなくてはいけません。

　世界中どこにでも、いい人もいれば悪い人もいます。街で知らない人に声をかけられた時は注意しましょう。特に、周りに人がいない場合は要注意です。もし怪しいと思ったら、「友達と約束があるので。」と言って、立ち去りましょう。断ってもついてく

る場合は、コンビニなどのお店に入って助けを求めましょう。

　また、暗くなったら人の少ない道ではなく、明るくて人の多い道を歩きましょう。住宅地などの静かなところでは、ひったくりが出ることがあります。電車や街中など混んでいるところでは、痴漢やスリに注意しましょう。短すぎるスカートや肌のたくさん見える服は痴漢に遭いやすいです。お財布や大事なものを取られないように、かばんの持ち方やお財布を入れる場所に気をつけましょう。

　やはり、安全に気をつけてこそ、留学や旅行を楽しめます。万が一、怪我をしたり、犯罪に巻き込まれたら、大変なことになりますから、気をつけましょう。どこにいても、自分を守ることが一番大切です。

単語：つい（不由自主）／油断（粗心）／観察（觀察）／過ごす（過日子）／人に声をかけられる（被搭訕）／要注意（必須留意）／立ち去る（離去）／断る（拒絕）／住宅地（住宅區）／ひったくり（搶劫）／混んでいる（人多擁擠）／痴漢（色狼）／スリ（扒手）／万が一（萬一）／犯罪に巻き込まれる（捲入犯罪）

Unit 8　自然災害

「聞いてみよう」

1. 颱風警報

A：台湾人　B：日本人

（ホストファミリーの家で）

テレビ：大型で、非常に強い台風２４号は、１２時現在、沖縄本島東の海上を北に進んでいます。台風は今夜には四国、本州に上陸し……。

A：台風だって……。いつ来るのかな。

B：今夜上陸って言ってるから、明日の朝はきっと暴風域に入るね。

A：暴風域って？

B：とても強い風が吹いているところ。大雨も降ると思うよ。

A：明日、休みになりそうだね。

B：そうかな。まだ分からないよ。

A：でも、先生が暴風の知らせが出たら、休みだって言ってたよ。

B：それは、暴風警報ね。暴風注意報だったら、学校に行かなきゃならないんだよ。明日の朝、警報が出ていたら、休みになるけど……。

A：そっか。台湾と違うんだ……。

2. 防震演習

　　A：台湾人　B：日本人

　　（ホストファミリーの家で）

　　A：今日学校で面白いことしたよ。

　　B：へー。何？

　　A：まず、放送があって、みんなで机の下に入ったよ。

　　B：ああ。避難訓練ね。

　　A：そうそう。で、黄色い座布団をかぶって外へ出たんだ。

　　B：防災頭巾ね。

　　A：それから、「おかし」が何とか……。

　　B：おかし？食べたの？

　　A：ううん。言葉がお……なんだっけなあ……。

　　B：ああ、「お」は人を押さない。「か」は駆けない。つまり
　　　　走らない。「し」はしゃべらないだよ。

　　A：ああ、そうそう。そんなかんじだった。

3. 地震發生

　　A：日本人　B：台湾人

　　（学校で）

A：ヨウ君、大丈夫？今、揺れたね！？

B：うん、びっくりした。けっこう大きかったし、長かった。

A：震度 4 か 5 くらいかな？でもまだ安心しちゃダメ、余震が来るかもしれないから。

B：あ、そうだね。余震が来たら、どうすればいい？

A：とにかく、倒れそうな棚から離れて、テーブルや机の下で身を守って。クッションなんかで頭を保護して、揺れが収まるのを待つんだよ。

B：なるほど。あわてて外に逃げちゃだめだね。

A：その通り。それから、テレビやネットで、避難指示などの情報を確認しよう。

4. 豪大雨發生

A：台湾人　B：日本人

（外出中）

A：雨がますますひどくなってきたね。

（携帯電話にお知らせが来る）

B：あ、「この地域に大雨注意報が出た」って、お知らせが来たよ。

A：わー。これから、もっとひどくなりそうだね。

B：うん、早く帰らないと。

A：そうだね。早く帰ろう。

「語句と表現」

〔聞いてみよう〕

大型・台風・進む・上陸する・暴風域・大雨・知らせ・警報・注意報・放送・避難訓練・黄色い座布団をかぶる・防災頭巾・人を押す・駆ける・しゃべる・揺れる・びっくり・余震・とにかく・倒れそうな棚・クッション・保護・収まる・あわてる・その通り・避難指示・大雨注意報・気象情報

〔やってみよう〕

対策・道が凍っている・滑り止め・雪道専用・人が通っていない・滑る・屋根・懐中電灯・トイレットペーパー・災害

「やってみよう」

活動一：「防災智嚢團」

「地震グループ」、「大雨グループ」

例：

Q：家にいる時、地震が起きたらどうしたらいいですか。

A：激しい揺れは短いです。家具が倒れることがあるから、早く

机やテーブルの下に入ってください。自分の頭を守ってください。そして、揺れが収まったら、火を消してください。

Q：外にいる時は、どうすればいいですか。

A：建物の近くは窓ガラスや看板が落ちてくるかもしれません。早く建物から離れるようにしてください。

Q：地下街やスーパーにいるときは、どうすればいいですか。

A：倒れやすいものや棚から落ちてくるものに気をつけてください。非常口の近く、ものがないところが安全です。

災害	場所	対策
（例） 大雪が降った翌日	学校へ行く道	1. 道が凍っているから、滑り止めを付けた靴を履くか、雪道専用の靴を履く。 2. 滑るかもしれないから、人が通っていない場所を通らない。 3. 屋根から雪やつららが落ちてくるから、屋根のすぐ下を歩かない。

活動二：「避難包」

避難するときのかばんに何が入っていますか。

→ 水、懐中電灯、靴、トイレットペーパー、チョコレートがあります。

発表例：

　私たちのかばんには救急箱が入っています。

　なぜ救急箱かというと、災害時は怪我をすることがよくあるからです。また、避難している時に具合が悪くなることもあります。薬局が開いていないかもしれませんから、持っていないと困ります。

「読んでみよう」

自然災害への準備

　地球温暖化の影響で、気候に異変が起こるようになりました。例えば、台湾も日本もとても暑い日が続いたり、急な大雨が降ったりすることがよくあります。台風や地震などの自然災害もいつ起こるか分かりません。普段から準備をしておきましょう。

　日本では「自然災害への準備をしっかりしましょう」と呼びかけています。例えば、もし大きな地震で電車が止まってしまったらどうやって帰るか普段から考えて準備しています。そして、家から避難しなければいけなくなったらどうするか家族と話し合うことや、自分の住んでいる地域の情報を集めておくことは大切だとされています。

　皆さん、非常時のための準備はしていますか。災害の影響で買い物に行けなくなったり、スーパーに商品が来なくなったときの

ために、数日分の水や食料が用意してありますか。

　また、日本で大きな災害があったとき、友達に連絡するのは少し待ってからの方がいい場合もあります。もしかしたら、相手は携帯電話の充電が出来ないところに避難しているかもしれません。家族と連絡するのに携帯電話が必要かもしれません。友達の安否を心配して、すぐ電話したくなる気持ちはよく分かります。しかし、被害の状況と相手のことを考えなければなりません。連絡は状況が少し落ちついてからしたほうがいいです。

単語：自然災害（自然災害）／地球温暖化（地球暖化）／影響（影響）／異変が起こる（發生異常）／普段から（平時）／食料（食品）／用意（準備）／充電（充電）／安否（平安與否）／被害（被害）

 Note

國家圖書館出版品預行編目資料

こんにちは 你好 ④ 教師手冊 / 陳淑娟著
-- 初版 -- 臺北市：瑞蘭國際, 2020.03
160面；19×26公分 --（日語學習系列；48）
ISBN：978-957-9138-67-3（第4冊：平裝）
1.日語 2.教材 3.中小學教育
523.318   109000759

日語學習系列 48

こんにちは 你好 ④ 教師手冊

作者｜陳淑娟
編撰小組｜廖育卿、彦坂はるの、芝田沙代子、田中綾子、山本麻未、今中麻祐子、鍾婷任
責任編輯｜葉仲芸、王愿琦
校對｜陳淑娟、廖育卿、彦坂はるの、葉仲芸、王愿琦

日語錄音｜後藤晃、彦坂はるの、芝田沙代子
錄音室｜采漾錄音製作有限公司
封面設計｜陳盈、余佳憓、陳如琪‧版型設計、內文排版｜陳如琪
美術插畫｜吳晨華

瑞蘭國際出版

董事長｜張暖彗‧社長兼總編輯｜王愿琦
編輯部
副總編輯｜葉仲芸‧副主編｜潘治婷‧文字編輯｜林珊玉、鄧元婷
設計部主任｜余佳憓‧美術編輯｜陳如琪
業務部
副理｜楊米琪‧組長｜林湲洵‧專員｜張毓庭

出版社｜瑞蘭國際有限公司‧地址｜台北市大安區安和路一段104號7樓之1
電話｜(02)2700-4625‧傳真｜(02)2700-4622‧訂購專線｜(02)2700-4625
劃撥帳號｜19914152 瑞蘭國際有限公司‧瑞蘭國際網路書城｜www.genki-japan.com.tw

法律顧問｜海灣國際法律事務所　呂錦峯律師

總經銷｜聯合發行股份有限公司‧電話｜(02)2917-8022、2917-8042
傳真｜(02)2915-6275、2915-7212‧印刷｜科億印刷股份有限公司
出版日期｜2020年03月初版1刷‧定價｜200元‧ISBN｜978-957-9138-67-3

 本書採用環保大豆油墨印製

瑞蘭國際

瑞蘭國際